U0584848

公司法
司法解读与应用
一本通

司文沛　著

中国友谊出版公司

图书在版编目（CIP）数据

公司法：司法解读与应用一本通 / 司文沛著 .

北京：中国友谊出版公司，2025. 7. — ISBN 978-7
-5057-6141-4

Ⅰ. D922.291.914

中国国家版本馆 CIP 数据核字第 2025WW6846 号

书名	公司法：司法解读与应用一本通
作者	司文沛
出版	中国友谊出版公司
发行	中国友谊出版公司
经销	新华书店
印刷	水印书香（唐山）印刷有限公司
规格	670 毫米×950 毫米　16 开
	12 印张　154 千字
版次	2025 年 7 月第 1 版
印次	2025 年 7 月第 1 次印刷
书号	ISBN 978-7-5057-6141-4
定价	49.80 元
地址	北京市朝阳区西坝河南里 17 号楼
邮编	100028
电话	（010）64678009

前言

公司的诞生：从历史深处走来的现代企业

在人类文明的长河中，公司的诞生是社会经济结构演化的一个重要里程碑，它不仅改变了人们生产与交换的方式，更深层次地影响了社会的组织形态和文化观念。

在大航海时代背景下，探险与贸易的需求催生了公司这一新型经济组织。1600 年，一群投资者联合出资成立东印度公司，旨在开拓英国与亚洲的贸易航线，从亚洲获取香料、丝绸等高价值商品。这标志着一种全新的商业模式"股份有限公司"出现，即通过发行股票筹集资金，实现资本的集中与风险分散，股东以其出资额为限对公司债务承担责任。这种模式极大地激发了社会的投资热情，促进了资本流动与资源配置效率的提升。

那么，公司为什么会诞生？究其根本，公司是人类社会生产力发展到一定阶段的必然产物。随着分工细化和市场规模扩大，个人或家庭已难以独自承担大规模生产和贸易的成本与风险，公司作为一种集合资本、人才和技术的平台，能够有效地整合资源，实现规模化经营，提高经济效益。

此外，公司法人制度的确立，赋予了企业独立的法律地位，使其能够在法律框架内自主决策，承担法律责任，这为现代市场经济体系的构建奠定了基石。

在中国，公司的历史相对较短，但发展速度惊人。中华人民共和国成立初期，在计划经济体制下，国有企业占据主体地位。改革开放后，特别是1993年《中华人民共和国公司法》（以下简称《公司法》）出台，标志着我国正式引入现代公司制度，私营企业、外资企业等各类市场主体得以快速发展。《公司法》明确了公司的设立条件、运行规则和监管机制，为各类公司提供了公平竞争的法律环境，推动了市场经济的繁荣。近年来，随着创新驱动发展战略的实施，高新技术企业、创业公司如雨后春笋般涌现，中国成为世界创新版图中的重要部分。

在回顾公司诞生与演进过程之后，本书将目光转向2023年修订、2024年开始实施的新《公司法》，这不仅体现了中国公司法制度的成熟与完善，更是中国融入全球经济体系的关键步骤。修订后的《公司法》实施，标志着我国的公司治理结构朝着更加国际化、市场化方向迈进，其核心在于深化公司治理改革，强化股东权益保护，以及优化营商环境。

本书专注于为读者提供深入浅出的《公司法》理论与司法解读，旨在为读者打造一部权威的《公司法》方面的参考书籍。本书深入探讨了公司设立、股东权利、公司治理、破产清算等关键领域的法律规定与司法趋势，帮助读者洞察司法裁判的思维逻辑，从而在复杂的商业环境中作出更加明智的法律判断。

目录

第1章　公司的法律人格和责任制度

第2章 有限责任公司的设立与变更制度

第3章 有限责任公司的组织机构

第 1 章

公司的法律人格和
责任制度

1.1 法人：企业在法律上的人格主体

在法律的广阔天地里，法人是一个独特而重要的概念，它赋予了诸如公司、非营利组织等实体以"人格"，使它们能够在法律框架下独立存在、享有权利并承担义务。法人制度不仅是《公司法》的核心概念之一，也是世界各国规范经济秩序和社会秩序的重要法律制度，其意义深远，影响广泛。

法人，顾名思义，即"法律上的个人"，是指按照法定程序设立，具有独立财产和责任能力，能够以自己的名义享有民事权利和承担民事义务的组织体。与自然人（真实的人）不同，法人没有生命，不存在生理或心理状态，但它在法律意义上被视为一个"人"，拥有与自然人类似的法律地位。法人的主要特征包括以下几点。

（1）独立性：法人拥有独立的财产，这意味着其财产与创立者或成员的个人财产相分离，法人对其财产享有所有权，能够独立进行财产管理。

（2）责任有限性：法人的法律责任与其创立者或成员的个人责任相区分。一般情况下，法人以其全部财产对外承担责任，而创立者或成员仅以其出资额为限承担责任。这就是法人的"有限责任制度"，这点将在本书后面的章节里详述。

（3）持续性：法人具有永久存续的能力，不会因创立者或成员的变更而消亡，除非依法解散或破产。

几个自然人按照法律程序正式注册成立了巨富文创有限公司，巨富文创有限公司成为一个独立的法人实体。这意味着巨富文创有限公司作为一个法人，有自己的法律身份，公司的财产也不属于任何个人股东，即使公司破产，股东的责任通常仅限于他们对公司的投资，而不会影响他们的个人财产；即使公司的股东或管理者发生变化，公司作为一个法人实体仍然存在并持续运营；公司可以被起诉，也可以起诉他人。公司的债务和责任由公司本身的资产承担，而不是由个人股东承担。

因此，当巨富文创有限公司与供应商签订购买原材料的合同时，这份合同是由公司法人签订的，而不是由任何个人股东或员工签订的。同样，如果公司欠债，债权人只能追索公司的资产，而不能追索股东的个人资产，除非有特殊条款或法律规定的情况。

根据不同的标准，法人可以分为多种类型。在中国，法人主要分为营利法人和非营利法人两大类。营利法人主要包括有限责任公司和股份有限公司，它们以营利为目的，通过经营活动获取经济利益。非营利法人则涵盖了事业单位法人、社会团体法人、基金会法人等，它们不以营利为目的，主要从事公益事业、学术研究、文化交流等活动。

在现代社会，法人不仅是经济活动的主要参与者，也是社会服务和公共事务的重要承担者，在促进经济增长、创造就业机会、推动科技进步、提供公共服务等方面发挥着不可替代的作用。同时，法人制度也为投资者提供了风险隔离机制，鼓励资本的聚集和有效配置，是现代市场经济体系的重要基石。

法人制度的建立与发展，是法律对社会发展需求的积极回应。它既体现了法律对经济活动的规范和促进作用，也反映了法律对社会秩序的维护和对公平正义的追求。然而，法人制度同样面临着挑战，比如如何平衡法人权利与社会责任、如何防范法人滥用权力损害公共利益等问题，都是当前和未来法律研究与实践需要关注的重点。

总之，法人作为法律赋予的"人格主体"，在推动经济社会发展的同时，也需不断完善相关法律法规，确保法人制度的健康发展，使之更好地服务于社会公共利益和人民福祉。

【相关法条】

《中华人民共和国公司法》第三条　公司是企业法人，有独立的法人财产，享有法人财产权。公司以其全部财产对公司的债务承担责任。

公司的合法权益受法律保护，不受侵犯。

1.2 法人和法定代表人的区别

在商业活动中，我们常常听到"法人"和"法定代表人"这两种说法，但很多人对这两个名词的理解并不清晰。实际上，"法人"和"法定代表人"是两个不同的法律概念，它们在法律地位、权利义务以及责任承担等方面存在显著差异。

简单来说，法人是指具有独立法律人格的组织体，它能够以自己的名义享有民事权利、承担民事义务，并能独立承担民事责任。法人可以是企业（如有限责任公司、股份有限公司），也可以是非营利性组织（如基金会、社会团体）。法人的主要特征在上一节已经详细讲解，包括：独立性、持续性和责任有限性。法人虽有主体资格，但它毕竟和自然人不同，不能独立移动，更不能独立办理业务，所以它需要通过其法定代表人来行使权利和履行义务。

法定代表人，顾名思义，是指依法被授权代表法人行使职权的自然人。在法人组织中，法定代表人通常由董事长、执行董事或经理等担任，具体根据公司章程或相关法律法规确定。法定代表人的主要职责包括：

（1）代表法人：对外代表法人进行民事活动，签署合同、处理诉讼等。

（2）管理职责：负责法人的日常运营和管理，确保法人按照法律规定和章程要求开展活动。

（3）决策参与：参与法人重大事项的决策过程，确保决策符合法人利益。

其实对比二者定义，我们就能发现法人和法定代表人有根本性的区别，主要表现在以下几个方面。

（1）概念性质：法人是一种组织实体；而法定代表人是这个实体中的个人，是一个自然人。

（2）权利与责任：法人享有独立的权利，承担独立的义务；而法定代表人则代表法人行使这些权利和履行义务。

（3）产生方式：法人依据法律或特定程序设立，而法定代表人则依据法律或法人章程规定产生。

（4）责任承担：法人能够独立承担民事责任；而法定代表人的责任通常与职务行为相关联，其不当行为的后果首先由法人承担，但法定代表人可能需承担个人责任。

虽然法人与法定代表人在法律地位上是相互独立的，但二者之间也存在密切的联系。法定代表人是法人意志的体现者，是法人与外界沟通的桥梁。法人通过其法定代表人实施民事行为，而法定代表人的行为后果最终由法人承担。同时，法定代表人也需对其在职务范围内实施的行为负责，若因个人过错导致法人损失，可能需承担相应的法律责任。在实际操作中，明确二者的界限与关联，有助于公司规范运营，有效保护自身权益。

【相关法条】

《中华人民共和国公司法》第十条　公司的法定代表人按照公司章程的规定，由代表公司执行公司事务的董事或者经理担任。

担任法定代表人的董事或者经理辞任的，视为同时辞去法定代表人。

　　法定代表人辞任的，公司应当在法定代表人辞任之日起三十日内确定新的法定代表人。

　　第十一条　法定代表人以公司名义从事的民事活动，其法律后果由公司承受。

　　公司章程或者股东会对法定代表人职权的限制，不得对抗善意相对人。

　　法定代表人因执行职务造成他人损害的，由公司承担民事责任。公司承担民事责任后，依照法律或者公司章程的规定，可以向有过错的法定代表人追偿。

1.3 什么是公司的实际控制人

公司的实际控制人是指那些虽然可能不是直接的股东，但通过各种方式能够对公司的决策和行为产生决定性影响的个人或实体。实际控制人可以通过以下几种方式实现对公司的控制。

（1）投资关系：通过间接持股或控制其他股东，实际控制人可能不需要直接持有公司的大量股份，就能影响公司的决策。

A 先生通过一家他完全控制的投资公司间接持有 B 上市公司 25% 的股权，虽然他本人并不直接持有 B 公司的股票，但由于他控制的投资公司是 B 公司的最大股东之一，那么 A 先生便能够对 B 公司的决策产生重大影响。

（2）协议安排：实际控制人可能与其他股东或公司管理层达成协议，例如一致行动协议、投票委托协议等，从而对公司决策产生影响。

C 女士虽然只直接持有 D 公司 5% 的股份，但她与其他几个小股东签订了一致行动协议，约定他们在股东会议上的投票权全部由 C 女士行使。由于这几位小股东合计持有 D 公司 20% 的股份，那么 C 女士通过此协议安排，就能够对公司的重大决策施加重要影响。

（3）管理控制：即使股份比例不高，实际控制人也可能通过担任关键管理职位（比如董事长、首席执行官等），来主导公司的日常运营和战略方向。

E先生是F公司的创始人兼CEO，虽然他只持有F公司10%的股份，但由于F公司创立初期是他制定的公司战略和企业文化，再加上他在董事会中具有主导地位，所以他对F公司的日常运营和长期发展方向具有决定性的作用。

（4）财务控制：通过提供财务支持或借贷，实际控制人可能对公司财务决策产生影响。

G银行向H公司提供了大部分的营运资金贷款，并且拥有一票否决权，可以阻止任何可能危及贷款安全的公司决策。因此，尽管G银行并非H公司的股东，但它通过财务控制对H公司的决策产生了实质影响。

（5）家族控制：在一些家族企业中，家族成员即使不是最大的股东，也可能通过家族内部的协议或传统，保持对公司的控制。

比如：I家族创建了J集团，虽然家族成员的直接持股比例分散，合计也只有30%，但由于家族成员占据了董事会的多数席位，并且家族内部有一套非正式的决策机制，所以I家族仍然能够牢牢地掌握J集团的控制权。

在瞬息万变的商业世界中，理解公司的实际控制人不仅对投资者、监管机构来说很重要，对于普通公众来说也很重要。实际控制人作为背后操纵公司决策的关键力量，他们的行为和决策直接影响着公司的运营方向、市场表现乃至行业生态。

公司实际控制人的角色和影响不容忽视。我们期待在未来的商业实践中能够进一步完善相关法律法规，提高实际控制人的透明度，推动市场健康发展，构建更加公正的营商环境。

【相关法条】

《中华人民共和国公司法》第二百六十五条　本法下列用语的含义：

…………

（三）实际控制人，是指通过投资关系、协议或者其他安排，能够实际支配公司行为的人。

…………

1.4 公司资本制度的三项基本原则

公司资本制度是现代公司运营和治理结构的核心组成部分，不仅关乎公司的财务健康，还直接影响投资者权益的保护及社会经济秩序的稳定。在全球范围内，不同国家和地区虽有各自的法律体系和市场环境，公司资本制度的核心原则却大同小异，这些原则旨在确保公司稳健运营，平衡股东、债权人及其他利益相关者的权益。以下是公司资本制度的三项基本原则。

1. 资本确定原则

资本确定原则是公司资本制度的基石，它要求公司在成立之初必须确定并登记其注册资本，即公司成立时股东承诺投入的最低资本总额。这一原则的核心在于确保公司从一开始就具备一定的财务基础，以满足日常运营所需，并为债权人提供基本保障。资本确定原则还要求注册资本必须在一定时间内足额缴纳，防止虚假注资或资本空洞化，确保公司资本的真实性与可靠性。

2. 资本维持原则

资本维持原则强调公司资本在运营过程中不得随意减少，以保护债权人的利益不受损害。这意味着公司不能任意分配利润，除非已确保有足够的留存收益来弥补可能的亏损，保证公司的资产价值不低于其注册资本。此外，公司发行新股时，新股东的出资必须能够补充原有资本，防止资本稀释。资本维持原则还体现在公司回购股份时的限制，以避免资本无故减少，确保公司的财务稳定性和持续经营能力。

3. 资本不变原则

资本不变原则要求公司注册资本一经确定，未经法定程序不得随意变更。设定这一原则的目的是维护公司资本的稳定性，保护股东和债权人的合法权益。然而，这并不意味着注册资本绝对不可变动。在特定情况下，如公司扩张、重组或减资以应对经营困难时，可通过股东会决议并经监管机构批准，依法调整注册资本。但在调整过程中，必须严格遵守相关法律法规，确保调整后的资本水平仍能满足公司正常运营和债务偿还的需要。

【相关法条】

《中华人民共和国公司法》第四十条　公司应当按照规定通过国家企业信用信息公示系统公示下列事项：

（一）有限责任公司股东认缴和实缴的出资额、出资方式和出资日期，股份有限公司发起人认购的股份数；

…………

1.5 我国的企业类型及相关责任制度

我国的企业类型和相应的责任制度主要基于《公司法》以及其他相关法律法规。以下是主要的企业类型及其责任制度的概述。

一、企业类型

1. 有限责任公司

（1）特点：由一个或多个股东组成，股东以其认缴的出资额为限对公司承担责任。

（2）责任制度：公司以其全部财产对公司债务承担责任。

2. 股份有限公司

（1）特点：股东人数通常较多，股票可以公开发行，股份可以自由转让。

（2）责任制度：股东以其认购的股份为限对公司承担责任。

3. 国有企业

（1）特点：企业的全部财产属于国家，由国家出资兴办。

（2）责任制度：作为特殊类型的公司，其责任制度更多地由国家政策和相关法律法规进行特别规定。

4. 集体所有制企业

（1）特点：由一定范围内的劳动群众集体出资设立，集体拥有生产资料的所有权，共同劳动并实行按劳分配的经济组织。

（2）责任制度：可能因企业章程和相关法律法规的规定而异。

5. 私营企业

（1）特点：由自然人投资设立或自然人控股。

（2）责任制度：通常为有限责任，但具体取决于企业的组织形式。

6. 有限合伙企业

（1）特点：由普通合伙人和有限合伙人组成，有限合伙人仅以其出资额为限承担责任。

（2）责任制度：普通合伙人对企业债务承担无限连带责任，有限合伙人则以其出资额为限承担责任。

7. 外商投资企业

（1）特点：外资直接或间接参与投资的企业。

（2）责任制度：通常遵循与内资企业类似的责任制度，但也可能有特殊规定。

8. 个人独资企业

（1）特点：由一个自然人投资，财产为投资人个人所有。

（2）责任制度：投资人对企业债务承担无限责任。

9. 股份合作企业

（1）特点：结合了股份制企业和合作制企业的特点，强调资本合作与劳动合作的结合。

（2）责任制度：根据具体企业章程和法律确定。

二、法律责任制度

企业可能面临的法律责任包括以下三方面。

（1）刑事责任：当企业行为构成犯罪时，企业可能被判处罚金。

假设一家化妆品公司生产并销售了一批含有有害化学成分的假冒名牌护肤品，销售金额超过法定门槛。该公司及其直接负责的主管人员和其他直接责任人员可能因生产、销售伪劣产品罪被追究刑事责任。虽然在传统上刑事责任往往被认为是对自然人的惩罚，但在现代法律体系之下，企业作为法人实体也能被追究刑事责任。在这种情况下，企业可能被判处财产刑，比如企业须交纳罚金，而不仅仅是个人受到刑事处罚。这意味着企业必须支付相应的罚款，这直接影响其财务状况。

（2）民事责任：企业以其全部财产对债务承担责任。

如果上述化妆品导致消费者皮肤过敏或造成消费者产生其他健康问题，消费者可以依据相关法律要求企业赔偿其损失。赔偿可能包括医疗费用、误工费、精神损失费等。如果企业存在欺诈行为，还可能需要支付消费者购买商品价款的3倍赔偿，最低不低于500元。企业作为法人，其全部财产都可用于履行民事赔偿责任，而不局限于特定的股东或管理层的个人财产。

（3）行政责任：违反行政法规时，企业可能面临罚款、停产停业、吊销执照等处罚。

以上述化妆品公司销售假冒伪劣化妆品为例。除上述刑事责任和民事责任之外，市场监管部门还可以对该企业采取一系列行政措施。例如，根据法律和相关行政法规，企业可能被处以罚款，其生产的假冒伪劣产品被没收，生产工具和设备也可能被查封或扣押。更严重的情况是，企业的生产许可证或营业执照可能会被吊销，不可继续从事相关经营活动，甚至面临停产停业整顿。这些处罚直接影响企业的经营状况和市场信誉，有时甚至会导致企业无法继续运营。

企业承担法律责任时，需要缴纳相关的税费、手续费等。这些责任制度和企业类型的设计旨在保护投资者、债权人和社会公众的利益，同时也确保企业能够在一个有序和公平的市场环境中运营。

【相关法条】

《中华人民共和国公司法》第二条　本法所称公司，是指依照本法在中华人民共和国境内设立的有限责任公司和股份有限公司。

1.6 公司股东及股东的有限责任

公司股东是指在公司中持有股份的个人或实体，他们通过购买公司的股份成为公司的所有者之一。

现在我们假设有一家名为"创想科技"的有限责任公司，注册资本为100万元人民币。公司共有三位创始人，分别是A、B和C，他们共同决定成立这家公司并进行分工合作。以下是他们各自出资和持股的情况：

A出资50万元，占股50%；

B出资30万元，占股30%；

C出资20万元，占股20%。

这意味着A、B和C都是"创想科技"的股东，其中A因为出资最多，占股比例最高，所以是大股东，理论上在公司的决策中有更大的影响力和话语权。因为在召开股东会议时，股东的投票权通常是按照其持股比例计算的。在重大事项决策上，A的50%股份赋予他较大的投票权重，从而可能影响公司的战略方向、高管任命等关键决策。

然而，股东的权利并非不受限制。股东必须遵守《公司法》和公司章程的规定，不得滥用股东权利损害公司或其他股东的利益。例如，A不能单方面作出损害公司或小股东利益的决策，任何决策都需要经过合法程序，并且尊重其他股东的意见。

股东的权利和责任在不同类型的公司（如有限责任公司、股份有限公司）中有所不同，但"有限责任"是《公司法》中的一个核心概念，尤其适用于有限责任公司和股份有限公司。

有限责任意味着股东对公司的债务和义务的责任仅限于他们对公司的投资额。具体来说，如果公司破产或负债累累，股东的风险和损失被限制在他们已经投入或承诺投入的资本范围内。也就是说，股东无须用个人资产来偿还公司的债务，除非他们有额外的个人担保或其他特殊情况。

我们依然以上述"创想科技"为例。

一年后，"创想科技"由于市场竞争激烈及管理不善，积累了大量债务，最终宣告破产。公司的总资产在清算后只能覆盖部分债务，剩余的债务总额为200万元。

根据有限责任公司的性质，A、B、C三人作为股东，只对公司的债务负有有限责任，即他们各自的出资额。这意味着：

A的责任上限为50万元，他已出资50万元，因此不需要再支付额外的款项。

B的责任上限为30万元，同理，他已出资30万元，不再承担额外责任。

C的责任上限为20万元，同样，他已出资20万元，不再有额外的财务责任。

即便公司的债务总额高达200万元，超出公司资产的部分也不会从A、B、C三人的个人资产中扣除。三位股东仅需承担他们最初对公司的出资额为限的责任，而不会涉及个人财产安全。

通过这个例子，我们可以清楚地了解有限责任的概念。股东们创办公司时，风险被限定在他们投入公司的资本之内。这种制度设计旨在鼓励投资和创业，同时为股东提供一定的风险隔离，保护其个人资产不受公司经营失败的影响。当然，这并不意味着股东可以随意管理公司而不受任何后果影响，如果存在欺诈、滥用权力或者其他违法行为，股东可能会面临个人责任。这种情形将在之后的章节中详述。

【相关法条】

《中华人民共和国公司法》第四条　有限责任公司的股东以其认缴的出资额为限对公司承担责任；股份有限公司的股东以其认购的股份为限对公司承担责任。

公司股东对公司依法享有资产收益、参与重大决策和选择管理者等权利。

1.7 公司股东享有的权利和义务

公司股东作为公司的所有者之一，享有一系列权利。这些权利通常由《公司法》和公司章程规定。下文以虚构的新星置业有限公司（以下简称新星置业）为例，具体说明股东的一些主要权利。

（1）分红权：股东有权根据所持股份的比例分享公司的盈利。

新星置业决定将年度利润的 50% 作为股息发放，这意味着持有公司 20% 股份的股东将收到股息的 20%。

（2）选举权：股东有权参加股东会，并根据所持股份的比例行使投票权和表决权，选举公司的董事、监事等高级管理人员。

在新星置业的年度股东会上，股东们将投票选出新的董事会成员。

（3）决策权：在股东会上，股东可以根据所持股份的比例行使相关权利，参与公司的重大决策，如公司的利润分配方案、公司合并或分立等。

新星置业的股东投票决定是否接受另一家公司对新星置业的收购提议。

（4）知情权：股东有权查阅公司章程、股东会会议记录、董事会会议决议、监事会会议决议和财务会计报告。

　　新星置业的一位股东要求查看公司的最新财务报表，以了解公司的财务状况。

　　（5）股份转让权：股东有权依法转让其持有的股份，但在有限公司中，股份的转让一般来说需要其他股东同意，公司章程另有规定的除外。

　　某位股东要将其在新星置业的股份出售给第三方来获得现金，前提是符合公司章程和相关法律法规的要求。

　　（6）优先受让和认购新股权：在公司增发新股时，现有股东可以优先按其持股比例认购新股。

　　新星置业决定增发股份筹集资金，现有股东可优先购买，保持其持股比例不变。

　　股东除了享有上述权利，还应承担以下一些义务。

　　（1）遵守公司章程：股东必须遵守公司章程中规定的各项规则，包括但不限于出资方式、股份转让条件等。

　　（2）按时足额缴纳出资：股东需按照认缴的出资额和约定的时间表，足额缴纳其对公司的出资。

　　（3）对公司债务负有限责任：在有限责任公司中，股东的责任通常限于其认缴的出资额。

一旦新星置业破产，股东仅需承担与其出资额相等的损失，个人资产不受损失。

（4）不滥用股东权利：股东不得滥用其权利损害公司或其他股东的利益，如进行不公平的关联交易。

通过上述这些权利和义务的设定，股东与公司之间形成了一种平衡的关系，既保证了股东可以获得投资回报，又维护了公司的正常运营和市场秩序。

【相关法条】

《中华人民共和国公司法》第二十一条　公司股东应当遵守法律、行政法规和公司章程，依法行使股东权利，不得滥用股东权利损害公司或者其他股东的利益。

公司股东滥用股东权利给公司或者其他股东造成损失的，应当承担赔偿责任。

第八十四条　有限责任公司的股东之间可以相互转让其全部或者部分股权。

股东向股东以外的人转让股权的，应当将股权转让的数量、价格、支付方式和期限等事项书面通知其他股东，其他股东在同等条件下有优先购买权。股东自接到书面通知之日起三十日内未答复的，视为放弃优先购买权。两个以上股东行使优先购买权的，协商确定各自的购买比例；协商不成的，按照转让时各自的出资比例行使优先购买权。

公司章程对股权转让另有规定的，从其规定。

　　第一百五十七条　股份有限公司的股东持有的股份可以向其他股东转让，也可以向股东以外的人转让；公司章程对股份转让有限制的，其转让按照公司章程的规定进行。

1.8 揭开公司面纱：公司的人格否认制度

前文介绍了公司的有限责任制度，即公司以自己独立的财产为限，对自己的债务承担有限责任。举个通俗的例子：

某人设立了 A 公司，注册资金 100 万元人民币。经过三年的运营，A 公司不但没有赚钱，反而欠下了 1000 万元的债务。A 公司就此破产，债权人登门讨债。根据公司的有限责任制度和法人有独立的人格地位的规定，A 公司以其资产为限承担债务。清点了 A 公司的资产，只有一些用旧的电脑、办公桌及桌子上的几盆绿萝。这些资产只拍卖了 1 万多元。A 公司就用这 1 万多元去偿还所欠下的 1000 万元的债务，而剩下的 999 万元债务无法偿还，就不用偿还了。

很多人可能会说："天下还有这么好的事？欠了债还不用还？那我开一个公司，疯狂欠债，只承担有限责任，岂不是能达到逃避债务的目的？"

肯定不是这样的。

在商业法律体系中，存在一项重要的原则，即公司法人的人格否认制度，这一概念被形象地称为"揭开公司的面纱"。其核心理念是：尽管公司被视为具有独立法律人格的实体，拥有独立的资产和责任，但在某些特殊情况下，法律允许突破这一界限，直接追究公司背后股东的个人责任。

当股东滥用公司法人地位和有限责任原则，采取不当手段逃避债务，严重损害债权人的合法权益时，法律赋予债权人"揭开公司面纱"的权利，要求股东对公司的债务承担连带清偿责任。尤其是对于一人公司，即只有一个股东的公司，如果无法证明公司财产与个人财产完全分离，该股东则面临对公司债务承担连带责任的风险。

这一制度的设计旨在平衡公司法人的独立性和股东责任之间的关系，防止股东利用公司法人身份逃避法律责任，保护债权人的正当权益，维护市场经济秩序的公平与正义。简而言之，它是在特定条件下为确保法律公正，允许对股东和公司之间设置的有限责任屏障进行必要的穿透，以实现对不当行为的有效约束。

在否认公司的独立人格时，我们应该注意以下三个原则：

（1）公司人格否认制度不具有持续性，它只是在特定的法律关系中对公司人格予以否认，只能应用于个案。

（2）公司人格否认制度适用非常严格，通常只有在股东滥用法人独立地位和股东有限责任且严重损害了债权人利益时，才可以适用。

（3）公司人格否认制度的范围指向性非常明显，只有滥用了法人独立地位和股东有限责任的股东需要对公司债务承担连带清偿责任，其他没有过错的股东不需要承担相关责任。

那么，什么样的行为属于滥用公司法人独立地位和股东有限责任呢？在司法实践中大致包括公司人格混同、过度支配与控制、资本显著不足等。而是否存在以上情况，需要法官进行自由裁量。

1. 公司人格混同

公司人格混同指的是公司内部管理混乱，公司的人格和股东的人格混为一谈，公司的财产和股东的财产分不清楚。其实，社会生活中很多小公司的运行不规范，虽说是"有限责任公司"，但可能就是个"夫妻店"，财务关系非常混乱，甚至没有财务账簿，根本分不清哪一部分钱是公司财产，哪一部分钱是股东财产。在这种情况下，股东的有限责任完全没有意义。在司法实践中，法官判断公司是否存在人格混同大致会综合考虑下列因素。

（1）股东无偿使用公司财产，未作财务记载。

比如：有一个小型家庭式服装工作室，股东是一对兄妹。工作室里有裁剪设备、缝纫机、布料等资产。这对兄妹把工作室当作私人空间，经常在工作室里看电视、休息，使用工作室的布料制作私人服装，而且没有对这些使用情况进行财务记录。

（2）公司的财产被记载在股东名下，由股东占有、使用。

比如：公司使用公款买了一辆车，而这辆车登记在某个股东名下，由该股东长期使用。

（3）公司账簿和股东账簿没有分开，根本无法区分公司财产和股东财产。

比如：一个小型公司，账记得非常不清楚，有时甚至根本不记账。大股东给孩子购买的口罩、温度计、儿童药物甚至尿不湿都从公司账户支出，并号称这些支出是公司防治疫情的开支。平时，股东妻子买菜、旅游、买零食及水电费等生活费用，也都是从公司账户直接支出。

（4）公司盈利和股东盈利无法区分。这依然是公司账目不清楚的表现，无法区分公司财产和股东财产，二者混同。

（5）公司股东挪用公司的钱偿还自己的个人债务，或者股东将公司的资金拨放给自己的关联公司，并且没有作财务记载。

（6）公司与股东之间在财产、人员方面混同，公司沦为股东逃避债务甚至违法犯罪的工具，丧失了人格的独立性。

2. 过度支配与控制

过度支配与控制是指公司的控股股东对公司过度支配和控制，让公司完全沦为工具，丧失独立人格的情况。在司法实践中常见情形有：母公司和子公司之间进行利益输送，或者双方进行交易，规定收益只归其中一方，损失由另一方完全承担；股东为了逃避债务将公司解散，利用公司的有限责任制度免除一部分债务后，火速在原场地上再成立一家经营范围、人员、设备等和原公司都差不多的新公司，以达到"金蝉脱壳"、逃避债务的目的。一旦发现上述这些情况，债权人就可以向法院申请对相关公司进行人格否认，直接追索滥用公司独立地位的股东的责任。

3. 资本显著不足

资本显著不足一般指的是规模很小的公司，股东投入的资本金额非常小，但是公司在经营的过程中，从事的却是风险极大的产业。

初出茅庐、毫无影视从业经验的年轻人小许，把拍摄网剧作为自己的创业项目。他手头资金有限，于是他拉上几个朋友，凑了10万元注册了一家小型影视制作公司。公司的设备简陋，人员也大多是刚入行没什么实操经验的新手。年轻的小许却野心勃勃，盯上了需要高额投入且市场风险极高的科幻题材网剧。

为了筹集拍摄资金，他凭借一股冲劲和能说会道的本事，四处奔走。一方面，他向银行提交看似"高大上"的商业计划书，试图申请大额商业贷款；另一方面，他周旋于各类民间小额贷款公司之间，许下高额回报的诺言，以期获得更多贷款。

在随后的公司经营中，由于缺乏经验，预算严重超支，特效、演员等各方面都问题频出，公司财务状况岌岌可危，随时可能因资金链断裂而倒闭，那些资金提供者也面临血本无归的风险。

这个例子就是将大部分风险恶意转嫁给债权人。在这种情况下，债权人可以对该公司进行人格否认。但在司法实践中，对这种情况进行判断是有难度的，法官要结合所有相关证据进行综合判断。

4. 自2024年7月1日起开始实施的《公司法》对公司人格否认制度的两个明确规定

通过前述内容，我们可以看出，何时对公司进行人格否认，这个标准比较模糊，在司法实践中基本由法官自由裁量。2023年12月29日，我国第十四届全国人民代表大会常务委员会第七次会议修订了《公司法》。现在，《公司法》明确规定了两种可以直接对公司进行人格否认的情形。

（1）横向否认：股东如果利用自己控制的两个以上公司实施滥用公司独立地位和有限责任的行为，给债权人造成重大损害的，那么该股东控制的涉事公司都应当对其中任一公司的债务承担连带责任。

（2）一人公司的举证责任：如果一家公司规模非常小，只有一个股东，当受到人格否认时，该股东就要自己举证，证明自己的公司管理非常规范，公司账务和个人账务完全分开，不存在股东个人无偿使用公司财产未在账务中记录的情况，且公司财产和个人财产能够明确区分，等等。如果该股东不能举证，那么在法律上就可以认定该股东和公司发生人格混同，可以要求该股东对公司账务承担连带清偿责任。

综上，我们可以明确看出，公司的有限责任制度并不是股东利用公司逃避债务的"保护伞"，而是一种让人规范经营的监管手段。只有合法、规范地经营，股东才能享受到公司有限责任制度的保护。

【相关法条】

《中华人民共和国公司法》第二十三条　公司股东滥用公司法人独立地位和股东有限责任，逃避债务，严重损害公司债权人利益的，应当对公司债务承担连带责任。

股东利用其控制的两个以上公司实施前款规定行为的，各公司应当对任一公司的债务承担连带责任。

只有一个股东的公司，股东不能证明公司财产独立于股东自己的财产的，应当对公司债务承担连带责任。

1.9 公司的分公司和子公司具有法律上的人格主体吗

在商业世界中，随着公司规模的扩大和业务范围的延伸，许多大型公司会设立分公司和子公司，以拓展市场、优化资源配置。分公司与子公司的设立有助于公司整体战略发展，但在法律层面引发了关于它们是否具备独立的法律人格主体的讨论。本节将探讨分公司与子公司在法律上的地位，以及它们各自的特点和区别。

1. 分公司：非独立法律主体

分公司是总公司的一个组成部分，通常在同一国家或地区内设立，其业务活动直接受总公司控制和管理。从法律角度来看，分公司不具备独立的法律人格，它不被视为独立的法人实体。这意味着分公司没有自己独立的财产和责任，其财产属于总公司，债务也由总公司承担。分公司的一切经营活动、合同签订行为等，均视为总公司行为的延伸。

一家企业设立了一个分公司，该分公司在经营过程中产生了债务，债权人可以直接向总公司追偿。这是因为分公司在法律上被视为总公司的分支机构，不具有独立承担民事责任的能力。

2. 子公司：独立的法律主体

子公司是一个独立的法律实体，拥有独立的法人资格。子公司可以有自己的名称、章程、财产，在经营过程中独立承担债权和债务，能够在法律上独立承担民事责任。虽然子公司通常由母公司（或控股股东）控制，但其在法律上被视为一个独立的公司，与母公司有着明确的界限。

一家大型企业在海外设立子公司，利用当地市场资源和税收优惠以优化生产布局，提升核心竞争力。这家子公司在当地注册，拥有自己的银行账户、雇员和业务，能够独立签订合同。如果该子公司陷入财务困境或法律纠纷，其所承担的责任仅限于子公司的资产，而不会直接影响母公司的财务安全。

综上所述，分公司与子公司在法律上的地位有本质的区别。分公司作为总公司的附属机构，不具有独立的法律人格，其法律责任由总公司承担；子公司作为独立的法人实体，能够独立参与经济活动和承担民事责任。了解二者的区别，对于理解企业内部架构、厘清法律责任、制定合理的风险管理策略具有重要意义。公司在设立分公司或子公司时，应充分考虑其法律地位的不同之处，要确保合规运营，有效管理风险。

【相关法条】

《中华人民共和国公司法》第十三条　公司可以设立子公司。子公司具有法人资格，依法独立承担民事责任。

公司可以设立分公司。分公司不具有法人资格，其民事责任由公司承担。

1.10 禁止关联交易

在商业世界中，交易是企业运作的核心，而关联交易作为一种特殊的交易形式，往往伴随着复杂的利益关系和潜在的风险。

那么，什么是关联交易？

关联交易是指同一集团内部的公司之间或者关联方（如控股股东、实际控制人、董事、监事、高级管理人员等）与企业之间的交易活动。这些交易包括商品买卖、资产转让、提供或接受服务、资金借贷等多种形式。交易双方存在直接或间接的控制关系，关联交易的价格可能偏离市场公允价格，导致不公平交易，影响市场秩序和企业的独立性。

上市公司 A 公司的大股东同时也是 B 公司的主要股东。为了帮助 B 公司度过财务危机，A 公司的该位大股东以远低于市场价的价格向 B 公司出售了一块土地。这项交易虽然在短期内缓解了 B 公司的资金压力，但损害了 A 公司及其小股东的利益，违背了公平交易的原则，属于不正当的关联交易。

为什么要禁止关联交易？

（1）保护中小股东权益。关联交易可能导致企业的资源被非正常转移，损害中小股东的利益，破坏投资者信心。

上市公司 A 公司的大股东同时也是另一家小公司 B 公司的主要股东。为了帮助 B 公司解决资金短缺问题，A 公司以远低于市场价的价格购买了 B 公司的大量库存产品。这一交易看似解决了 B 公司的资金流动性问题，但实际上，A 公司的小股东承担了损失，因为他们没有从中获得相应的价值和收益。而且，上述购买行为稀释了 A 公司的资产价值，影响了股东的投资回报。

（2）维护市场公平竞争。不当的关联交易可能扭曲市场竞争，给予关联方不公平的竞争优势，破坏市场公平秩序。

大型零售商 C 在行业内占据着举足轻重的市场地位。它旗下全资控股了一家供应链公司 D，这本无可厚非，但 C 却动起了歪脑筋，开始利用自身的优势地位操控市场。

具体而言，就是 C 凭借多年打造而成的庞大销售网络、较高的市场占有率及广泛的品牌知名度，向与之合作的众多供应商发出强硬指令：所有供货交易必须通过其旗下的供应链公司 D 来完成。这一要求看似只是内部流程的调整，实则暗藏玄机。

对于供应商们来说，他们陷入了两难的困境：一方面，C 是他们产品销售的重要渠道，失去与 C 的合作意味着大量订单流失，这对企业的生存和发展无疑是致命打击；另一方面，与 D 公司合作并非免费的"午餐"。D 公司会在正常的物流、仓储、配送等供应链服务费用基础上，额外增设各种名目的收费项目，诸如"渠道管理费""优先配送费""系统对接费"等。供应商们虽心有不甘，但迫于无奈，为了不失去 C 这个大客户并继续合作，只能硬着头皮接受这些额外费用，并将其纳入自己的成本核算当中。

而供应商们为了维持自身的利润空间，不得不提高自己产品对其他小零售商的售价。再看其他小零售商，他们没有强大的自有供应链公司作为后盾，只能从提高了售价的供应商处采购商品。小零售商不得不随之提高售价。而 C 公司却依然以原本的价格进行售卖。所以这就导致即便其他小零售商可以提供更好的售后服务、更优质的购物体验，但消费者往往还是会被 C 公司相对较低的价格所吸引。C 公司获得了一种不公平的竞争优势，严重扭曲了原本健康、公平的市场竞争环境，阻碍了行业的正常发展。

（3）防范利益输送。关联交易容易成为利益输送的通道，滋生腐败和不当得利行为，损害企业和社会的整体利益。

在当今竞争激烈的科技产业领域，企业的每一个决策都关乎生死存亡，关联交易的合理性更是重中之重。以技术公司 G 为例，它在行业内本有着不错的发展前景，凭借早期推出的几款颇具创新性的软件产品，积累了一定的用户基础和市场份额。

起初，G 公司与外部供应商保持着较为正常的合作模式，项目成本可控，产品迭代顺利，市场反响良好。但后来，G 公司的发展轨迹却因与另一家公司的特殊关系而急转直下。这家公司就是由 G 公司创始人亲自控制的软件开发公司 H。表面上看，两家公司同属一个"阵营"，合作似乎顺理成章，但背后隐藏的问题却逐渐浮出水面。

G 公司在项目推进过程中，开始频繁地将大量核心及非核心的软件开发项目外包给 H 公司。从移动端应用的升级开发，到后台数据管理系统的搭建，无一例外。仔细审视这些交易，其中的猫腻愈发明显：H 公司给出的项目报价常常显著高于市场平均水平。就拿一个常规的软件功能模块开发来说，其他专业软件开发公司的报价普遍在 50 万元左右。经过详细成本核算及行业调研，这个价格是较为合理的，涵盖了人力、技术、时间等各项成本。然而，H 公司却动辄索要 70 万元甚至更高，常常高出市场均价 40% 之多。

深入调查后发现，这背后存在着严重的利益输送链条。G 公司的创始人出于个人私利，与 H 公司私下达成了非法协议。每一笔高价外包项目合同的签订都伴随着暗流涌动的利益。创始人利用职务之便，在 G 公司内部操控项目分配决策，强行将项目指定给 H 公司。而 H 公司则会以各种隐蔽方式"回馈"创始人。比如，H 公司会虚构一些所谓的"技术咨询费"，支付给由创始人指定的一家看似与软件开发相关、实则为其私人操控的皮包公司，而后这些资金又通过复杂的转账流程，辗转流入创始人的私人腰包；还有的时候，H 公司以高价购买创始人及其亲属名下的一些与软件开发毫无关联的闲置房产或豪车，实现变相利益输送，让创始人从中谋取巨额不当得利。

如此一来，弊端尽显。一方面，G 公司的成本居高不下。原本可以用更合理的资金投入完成的项目，却因为高价外包给 H 公司，使得大量资金被无端消耗。这些多支出的成本无法转化为产品的竞争力，直接压缩了公司的利润空间，限制了进一步投入研发、拓展市场的资金储备。据内部财务统计，在过去一年里，因这种不合理的外包模式，G 公司多支出了近 500 万元。这对于一家中型技术公司来说，无疑是一笔沉重的负担。长此以往，公司的发展潜力被严重削弱，在激烈的市场竞争中逐渐陷入被动，同时也严重损害了公司员工的福利待遇、股东的投资回报及广大消费者的利益，破坏了整个行业的健康生态。

（4）促进企业独立经营。禁止不当关联交易有助于企业保持独立性，避免过度依赖关联方，促进健康、可持续的企业发展。

我们依然以上述 G 公司为例，G 公司与其创始人控制的另一家软件开发公司 H 之间频繁发生项目外包交易。尽管 H 公司的报价高于市场平均水平，但由于 G 公司对 H 公司的过度依赖，它继续选择 H 公司作为唯一的供应商，而不是通过公开招标寻找更经济有效的解决方案。这限制了 G 公司的发展潜力，因为它没有机会与其他更有竞争力的供应商合作，同时也削弱了自身的独立运营能力和成本控制能力。

虽然关联交易在某些情况下可以带来协同效应，提高效率，但不当的关联交易却会带来一系列负面后果。因此，监管机构和企业自身都应加强对关联交易的管理，建立完善的内部控制制度，确保交易的公允性和透明度，维护市场公平竞争秩序，保护所有股东的合法权益。通过有效监管和自我约束，关联交易可以成为企业合作的桥梁，而非市场公平的绊脚石。

【相关法条】

《中华人民共和国公司法》第二十二条　公司的控股股东、实际控制人、董事、监事、高级管理人员不得利用关联关系损害公司利益。

违反前款规定，给公司造成损失的，应当承担赔偿责任。

第二百六十五条　本法下列用语的含义：

…………

（四）关联关系，是指公司控股股东、实际控制人、董事、监事、高级管理人员与其直接或者间接控制的企业之间的关系，以及可能导致公司利益转移的其他关系。但是，国家控股的企业之间不仅因为同受国家控股而具有关联关系。

第 **2** 章

有限责任公司的设立与变更制度

2.1 有限责任公司的设立条件

有限责任公司作为现代企业组织形式之一，因其具有股东责任有限、管理结构灵活、易于设立和运营等特点，受到众多创业者的青睐。根据《公司法》及相关法律法规，设立有限责任公司需满足以下基本条件。

1.股东人数及资格

（1）股东人数：有限责任公司的股东人数应当在五十人以下，一人有限责任公司除外。

（2）股东资格：自然人、法人和其他组织均可作为股东。但法律、行政法规禁止从事营利性活动的人，不得成为公司股东。

2.注册资本

（1）注册资本要求：自2014年3月1日起，我国取消了有限责任公司最低注册资本限制，实行认缴制。这意味着除了特定行业，公司设立时无须一次性实缴全部注册资本，可根据公司章程的规定在五年内缴足。

（2）出资形式：股东可以用货币出资，也可以用实物、知识产权、土地使用权等可以用货币估价并可以依法转让的非货币财产作价出资。

3.公司章程

（1）制定章程：公司章程是公司设立的必备文件，应当载明公司名称、住所、经营范围、注册资本、股东姓名或名称、出资方式、出资额、出资时间、股东的权利义务、股东会议事规则、董事会（执行董事）和监事会（监事）的组成及其职权、任期、议事规则等事项。

（2）股东签字：公司章程须由全体股东共同制定并签字确认。

4. 法定代表人

有限责任公司应当设法定代表人，法定代表人依照公司章程的规定，由董事长、执行董事或者经理担任，并依法登记。

5. 经营场所

公司应当有固定的生产经营所和必要的生产经营条件。

6. 公司名称

公司名称应当符合国家有关企业名称登记管理规定，不得与同行业的已注册公司名称相同或相似，且需经工商行政管理部门预先核准。

7. 注册登记

（1）提交材料：向当地市场监督管理部门提交设立申请书、公司章程、股东身份证明、法定代表人任职文件、公司住所证明等相关文件。

（2）领取营业执照：经审查符合条件后，市场监督管理部门将颁发公司营业执照，标志着公司正式成立。

8. 后续手续

（1）刻章：刻制公司印章、财务专用章、发票专用章等。

（2）银行开户：开设公司基本账户，用于日常经营收支。

（3）税务登记：向税务机关办理税务登记，申请税种认定、领购发票等。

设立有限责任公司的过程比较复杂，涉及多个环节和法律法规，所以寻求专业的法律和财务顾问的帮助非常必要。

【相关法条】

《中华人民共和国公司法》第二十九条　设立公司，应当依法向公司登记机关申请设立登记。

法律、行政法规规定设立公司必须报经批准的，应当在公司登记前依法办理批准手续。

第三十条　申请设立公司，应当提交设立登记申请书、公司章程等文件，提交的相关材料应当真实、合法和有效。

申请材料不齐全或者不符合法定形式的，公司登记机关应当一次性告知需要补正的材料。

第四十二条　有限责任公司由一个以上五十个以下股东出资设立。

第四十五条　设立有限责任公司，应当由股东共同制定公司章程。

2.2 注册资本与实缴资本

在公司设立和运营过程中，注册资本与实缴资本是两个经常被提及但又易混淆的概念。它们在公司财务结构中扮演着重要角色，对于理解公司的财务状况和法律责任至关重要。

注册资本，指在公司注册设立时，股东承诺向公司投入的总金额，也就是全体股东认缴的出资额。它是公司在市场监督管理部门登记的法定资本总额，反映了公司对外承担责任的能力和规模。注册资本的设定，一方面体现了股东对公司未来发展的信心和承诺，另一方面直接影响公司的信誉度和业务开展范围。

自 2014 年我国实施注册资本制度改革，实行注册资本认缴制以来，大多数公司不再受最低注册资本限制。这意味着股东可以在公司章程中约定注册资本的数额和认缴期限，无须在公司成立之初就全额缴纳注册资本。但是，股东需在五年内补齐公司的注册资本。

实缴资本，即股东实际缴纳到公司账户中的注册资本金，代表了公司实际可用的资金量，是公司开展经营活动的真实资金基础。实缴资本可以是现金，也可以是实物、知识产权、土地使用权等非货币财产，但非货币财产必须经过评估并转换成相应的货币价值。

实缴资本的多少直接影响公司的实际运营能力和偿债能力。在认缴制下，实缴资本可能小于注册资本，但这并不意味着公司不能合法运营。而较高的实缴资本通常意味着公司财务状况更为稳健，更能获得投资者和债权人的信任。

注册资本与实缴资本最显著的区别在于"承诺"与"现实"的差异。注册资本是股东的承诺，而实缴资本则是对承诺的兑现程度。从理论上讲，注册资本是公司对外承担责任的最大限额，而实缴资本则决定了公司当前的实际偿债能力。

在认缴制下，股东可以根据公司的实际需求和自身资金状况分批缴纳注册资本，直至公司章程规定的认缴期限。这一制度灵活性较高，有利于减轻初创企业和小微企业的资金压力，但要求公司和股东须拥有良好的财务管理能力，确保实际缴纳的资本与公司运营需求相匹配。

我来举个例子，以帮助大家直观理解。

红海有限公司在设立时，股东们决定将注册资本设定为1000万元人民币。这意味着股东们承诺将向公司投入总计1000万元的资本，这是公司在市场监督管理部门登记的法定资本总额。

按照《公司法》及公司章程的规定，股东可以选择在公司成立后的五年内完成资本实缴。所以在公司成立的第一年内，股东们同意先实缴300万元，剩余的700万元在随后的四年里逐步到位。

红海有限公司刚刚成立，此时股东们已经实缴了300万元，所以公司的实缴资本为300万元。虽然公司的注册资本是1000万元，但实际可用于公司运营的资金为300万元。一年后，股东们根据公司运营的需要和自身的资金状况，决定再实缴200万元。此时，公司的实缴资本变为500万元。随着时间推移，股东们陆续按照约定的期限和数额完成了剩余注册资本的实缴。在第五年的最后一天，股东们终于完成了全部注册资本的实缴，此时公司的实缴资本与注册资本相等，均为 1000 万元。

这个例子展示了注册资本与实缴资本随时间而产生的变化。注册资本是股东的承诺，而实缴资本则是股东对这一承诺的实际履行情况。在完成注册资本实缴的过程中，公司能够根据自身运营的需求和股东的资金安排灵活调整资本的实缴进度，既保证了公司能够正常运营，也减轻了股东的短期资金压力。

【相关法条】

《中华人民共和国公司法》第四十七条　有限责任公司的注册资本为在公司登记机关登记的全体股东认缴的出资额。全体股东认缴的出资额由股东按照公司章程的规定自公司成立之日起五年内缴足。

法律、行政法规以及国务院决定对有限责任公司注册资本实缴、注册资本最低限额、股东出资期限另有规定的，从其规定。

2.3 对公司的出资不一定是货币财产

有些人往往将"出资"简单地认同为"现金注入"，认为只有货币财产才能作为公司设立时或增资时的出资形式。然而，随着经济的多元化发展和《公司法》不断完善，出资方式早已超越了单一的货币范畴，涵盖了多种非货币财产。这些非货币财产的出资方式不仅丰富了公司的资本结构，而且为股东提供了更加灵活多样的投资选择。

1. 实物出资

实物出资是指股东以实物的形式对公司进行出资，包括机器设备、厂房、交通工具、办公用品等有形资产。这类出资方式常见于制造业和实体产业，能够直接提高公司的生产能力和物质基础，尤其适合那些需要大量固定资产的行业。

2. 知识产权出资

知识产权出资包括专利权、商标权、著作权、专有技术等无形资产的出资。随着知识经济的兴起，知识产权的价值日益凸显，成为许多高科技公司和创新型企业的重要资本来源。知识产权出资不仅能够充实公司的技术储备，还能提升公司的核心竞争力和市场地位。

3. 土地使用权出资

土地使用权出资是指股东以其拥有的土地使用权作为出资。这种出资形式特别适用于房地产开发、农业、旅游等行业，能够快速增加公司的土地资产，为公司的长期发展奠定坚实的基础。

4. 债权出资

债权出资是指股东以其对公司享有的债权作为出资，常见于公司重组、并购等情形。通过债权出资，股东可以将对公司的债权转化为股权，既解决了公司的债务问题，又实现了资本结构的优化。

5. 劳务出资

在多数国家和地区，虽然劳务出资不被视为法定的出资形式，但在一些特殊情况下，如合伙企业或创意工作室，创始人的专业技能和劳动力有时也会被视作一种无形的出资，特别是在知识密集型和服务导向型的行业。

多元化的出资方式不仅拓宽了公司的融资渠道，减少了股东现金出资的压力，还促进了资源有效整合和配置。对于股东而言，非货币财产的出资能够将非现金资产转化为公司股权，实现资产的增值和流动。对于公司来说，吸收各种形式的出资有助于构建更加合理的资本结构，增强综合实力和市场竞争力。

【相关法条】

《中华人民共和国公司法》第四十八条　股东可以用货币出资，也可以用实物、知识产权、土地使用权、股权、债权等可以用货币估价并可以依法转让的非货币财产作价出资；但是，法律、行政法规规定不得作为出资的财产除外。

对作为出资的非货币财产应当评估作价，核实财产，不得高估或者低估作价。法律、行政法规对评估作价有规定的，从其规定。

2.4 设立公司的流程和步骤

根据《公司法》及相关法律法规，设立一家公司须遵循严格的程序和步骤。以下是设立公司的主要流程。

1. 名称预先核准

想要开设一家公司，应当先确定公司名称，之后向公司登记机关申请名称预先核准。公司的名称应当符合国家有关企业名称登记管理的相关规定。可以在网络上申请公司核名。

2. 编写公司章程

《公司法》规定，设立公司必须依法制定公司章程。公司章程对公司、股东、董事、监事、高级管理人员具有约束力。

3. 确定注册资本和股东出资

《公司法》规定，有限责任公司的注册资本为在公司登记机关登记的全体股东认缴的出资额。法律、行政法规以及国务院对有限责任公司注册资本实缴、注册资本最低限额另有规定的，从其规定。

4. 提交设立申请

股东认足公司章程规定的出资后，由全体股东指定的代表或者共同委托的代理人向公司登记机关报送公司登记申请书、公司章程等文件，申请设立登记。

5. 领取营业执照

公司成立后，应当凭公司登记机关核发的企业法人营业执照刻制印章，开立银行账户，申请纳税登记。

6. 向股东签发出资证明书

《公司法》规定，有限责任公司设立成功后，应当向股东签发有法定代表人签名的出资证明书。

自然人 A 想要设立一家公司，他先要明确公司的业务方向、注册资本、股东结构等基本信息。A 进行了市场调研，确定公司的主营业务为环保科技产品的研发与销售，并决定注册资本为 100 万元。公司由 A 本人全资持有。然后，A 需要做下面的事情来保证公司设立成功。

1. 名称预先核准

A 事先想了几个备选名称，如"绿源环保科技有限公司""慎行环保科技有限公司""醒狮环保科技有限公司"等，然后登录当地市场监督管理局的官方网站，提交公司名称，进行名称预先核准申请。经过审核，其中一个名称"绿源环保科技有限公司"被批准，A 收到了《企业名称预先核准通知书》。

2. 编写公司章程

A 开始起草公司章程，详细规定了公司的经营范围、注册资本、股东的权利与义务、公司的决策机制等。为了确保公司章程的合法性和有效性，A 请了专业的法律顾问对章程进行审核和修改，明确了公司治理结构和运营规则。虽然 A 是唯一股东，但他仍然制定了股东协议，为公司未来的发展奠定了基础。

3. 办理工商注册

A 携带身份证件、公司章程、股东协议、《企业名称预先核准通知书》等材料，前往当地市场监督管理局办理工商注册手续。他填写了《公司设立登记申请表》，提交了所有必要的文件、材料，支付了注册费用。经过审核后，A 成功领取了公司的营业执照，这标志着"绿源环保科技有限公司"正式成立。

4. 刻制印章、开户、办理税务登记和社保公积金登记

A 前往公安局指定的印章刻制单位，刻制了公司公章、财务专用章、合同专用章等印章，以用于公司日常运营和财务活动。A 持营业执照和印章前往银行，开设了公司基本存款账户。他选择了交通便利、服务优质的商业银行，提交了开户所需的资料，完成了银行账户的开立。之后，A 前往税务局办理税务登记，申领税务登记证，并根据公司业务性质申请适用的税种，如增值税、企业所得税等。A 还前往当地的人力资源和社会保障局办理了社会保险登记。之后，A 前往住房公积金管理中心设立了公积金账户，为将来招聘员工做好准备。

通过以上步骤，A 从零开始，成功地将他的创业梦想转化为现实，成立了自己的公司。整个过程虽然有些烦琐，但每一步都是公司成长的基石，为公司未来的发展奠定了良好的基础。A 开始招聘员工，投入到环保科技产品的研发和市场推广中。

【相关法条】

《中华人民共和国公司法》第四十五条　设立有限责任公司，应当由股东共同制定公司章程。

第四十六条　有限责任公司章程应当载明下列事项：

（一）公司名称和住所；

（二）公司经营范围；

（三）公司注册资本；

（四）股东的姓名或者名称；

（五）股东的出资额、出资方式和出资日期；

（六）公司的机构及其产生办法、职权、议事规则；

（七）公司法定代表人的产生、变更办法；

（八）股东会认为需要规定的其他事项。

股东应当在公司章程上签名或者盖章。

第五十五条　有限责任公司成立后，应当向股东签发出资证明书，记载下列事项：

（一）公司名称；

（二）公司成立日期；

（三）公司注册资本；

（四）股东的姓名或者名称、认缴和实缴的出资额、出资方式和出资日期；

（五）出资证明书的编号和核发日期。

出资证明书由法定代表人签名，并由公司盖章。

2.5 公司变更的要求和程序

公司变更是公司在发展过程中常见的现象。无论是因为战略调整、业务扩展还是内部重组，公司都有可能需要对其基本信息、结构或经营状态进行调整。这一过程涉及一系列法律程序和要求，必须严格遵守，以确保变更的合法性和有效性。以下是公司变更的一份综合指南，涵盖从提交申请到最终完成的全过程。

1. 启动公司变更程序

公司变更的第一步是内部决策，通常需要召开股东会或董事会会议，讨论并形成变更决议。决议应详细说明变更的原因、目的和具体内容，如变更公司名称、增加注册资本、调整经营范围、更换法定代表人等。决议一旦通过，接下来就要准备正式的变更申请材料。

2. 准备公司变更申请所需材料

变更申请材料的准备是关键环节，所需材料因变更类型不同而有差异，一般包括以下内容。

（1）变更申请书：详细阐述变更事项和理由，由公司法定代表人签署。

（2）股东会或董事会决议：出具正式文件，体现全体股东或董事同意变更。

（3）公司章程修正案：若变更涉及公司章程的修正，则需提供修改后的公司章程。

（4）营业执照副本：提交公司现有的营业执照副本，用于核对信息。

（5）身份证明：法定代表人和被委托人的身份证明复印件，必要时需核对原件。

（6）授权委托书：若由代理人提交申请，需提供法定代表人的授权委托书。

（7）其他相关材料：根据具体变更事项，可能还需提供诸如租赁合同、出资证明、财务报表等附加文件。

3. 提交申请与审核

准备好所有材料后，需向当地市场监督管理部门提交变更登记申请。相关部门会对提交的材料进行全面审核。所以，准确无误地准备材料至关重要。

4. 领取新证照与公告

审核通过后，公司将收到新的营业执照或其他变更后的证照。对于某些类型的变更，如减少注册资本等，还需要在官方媒体上发布公告，以通知债权人，给予债权人提出异议的机会。

5. 同步变更相关部门信息

在市场监督管理部门完成变更登记后，还需及时向其他相关部门报备，包括但不限于以下内容。

（1）税务机关：更新税务登记信息，确保税务申报和缴纳的准确性。

（2）银行：通知开户银行更新公司账户信息，特别是当公司名称或法定代表人发生变更时。

（3）社保、公积金中心：向社保局和公积金管理中心申请变更相关信息，确保员工福利不受影响。

（4）商标、许可证持有机构：若公司持有商标或特定行业的许可证，需向相应机构申请变更，保持一致性。

6. 修改公司印章与内部记录

变更公司名称或法定代表人后，原来的印章失效，须重新刻制公司印章，并销毁旧印章，防止滥用。同时，公司内部的管理文件，如公司章程、财务报表、合同模板等，也需要相应地进行更新，确保其与变更后的公司信息相符。

公司变更涉及多方面的调整和协调。在变更过程中，须确保每个环节都符合法律法规的要求，避免因程序不当而导致法律风险。在进行公司变更时，建议寻求专业顾问的帮助，以确保变更顺利进行，并及时有效地应对相关情况。

【相关法条】

《中华人民共和国公司法》第三十四条　公司登记事项发生变更的，应当依法办理变更登记。

公司登记事项未经登记或者未经变更登记，不得对抗善意相对人。

第三十五条　公司申请变更登记，应当向公司登记机关提交公司法定代表人签署的变更登记申请书、依法作出的变更决议或者决定等文件。

公司变更登记事项涉及修改公司章程的，应当提交修改后的公司章程。

公司变更法定代表人的，变更登记申请书由变更后的法定代表人签署。

第三十六条　公司营业执照记载的事项发生变更的，公司办理变更登记后，由公司登记机关换发营业执照。

2.6 股东会对法定代表人的任免可以对抗变更登记吗

在公司治理结构中，法定代表人扮演着至关重要的角色，其不仅是公司对外的代表，也是公司内部决策链中的关键人物。因此，法定代表人的任免往往是公司内部权力博弈的焦点，尤其是在股东间存在分歧的情况下。股东会作出任免法定代表人的决议后，该决议的效力是否可以直接对抗变更登记，这是一个复杂而又重要的法律问题。本节将探讨股东会决议的效力及其与变更登记之间的关系。

1. 股东会决议的对内效力

根据《公司法》及相关法律法规，股东会是公司的权力机构，有权决定公司的重大事项，包括法定代表人的任免。这意味着只要股东会的决议程序符合法律规定，决议内容不违反公司章程和法律法规，该决议就对公司及内部成员具有约束力。

股东会决议一旦作出，即使原法定代表人拒绝执行，公司也应当办理变更登记。因此，在公司内部，股东会决议中关于法定代表人任免的决定是具有法律效力的，可以视为法定代表人任免的最终依据。

2. 股东会决议的对外效力

股东会决议的效力并不自动延伸至外部第三方。《中华人民共和国市场主体登记管理条例》规定，"市场主体变更登记事项，应当自作出变更决议、决定或者法定变更事项发生之日起 30 日内向登记机关申请变更登记"。法定代表人作为市场主体登记事项之一，其变更需遵循此规定，未经登记机关变更登记的，不得对抗善意第三人。即便股东会已作出任免法定代表人的决议，但如果未经工商变更登记，外界仍认为原法定代表人代表公司，直到变更登记完成。

公司法定代表人变更登记的重要性在于它不仅是对公司内部决定的一种确认，也是向社会公众宣告公司法定代表人变更的法定程序。如果未完成法定代表人的变更登记，可能导致公司与第三方在交易中出现法律上的不确定性，甚至产生纠纷。

综上所述，股东会关于法定代表人任免的决议对公司内部具有法律约束力，但要使其对外产生效力，则必须通过变更登记这一法定程序。当决议遭到原法定代表人或反对变更的股东阻挠时，公司可以通过法律途径保障决议的执行，维护公司的正常运营和股东的合法权益。公司治理的实践表明，公司拥有良好的治理结构和清晰的决策流程，能够有效预防和解决此类纠纷，促进公司健康稳定发展。

【相关法条】

《中华人民共和国公司法》第三十四条　公司登记事项发生变更的，应当依法办理变更登记。

公司登记事项未经登记或者未经变更登记，不得对抗善意相对人。

2.7 如何转让自己的股权

股权转让是公司股东将其持有的部分或全部股权转移给他人的一种法律行为，也是公司运营中常见的商业操作。无论是出于个人资金需求、公司战略调整还是公司重组的考虑，了解并掌握股权转让的正确流程和注意事项至关重要。下面，将详细介绍股权转让的步骤及过程中需要注意的关键点。

1. 确认股权状态

在考虑转让股权之前，股东应首先确认自己的股权状态，包括但不限于持股比例、股权是否受限（如是否存在禁售期、质押等情况）、公司章程中关于股权转让的特殊规定等。这一步骤有助于股东了解自己的股权的价值和可转让性。

2. 寻找潜在买家

股东可以通过多种渠道寻找潜在的股权购买者，包括但不限于个人联系、中介机构、在线交易平台等。在这一阶段，股东应准备好详细的股权信息，包括公司的基本信息、财务状况、行业前景等，以便激发潜在买家的兴趣。

3. 协商并签署股权转让协议

找到合适的买家后，双方就股权转让的价格、条件、支付方式等关键条款进行协商，并达成一致意见。之后，双方正式签署股权转让协议，协议中应详细记载有关股权转让的具体条款，确保双方的权益均得到保障。在某些情况下，可能还需要获得公司其他股东或董事会的同意。

4. 完成交割与付款

签署股权转让协议后，双方应按照协议约定完成股权的交割和付款。交割过程可能包括股东名册的变更、公司印章的使用、股东会议的召开等，具体流程依公司章程和相关法律法规而定。付款可以一次性支付，也可以分期支付，具体取决于双方的协商结果。

5. 办理工商变更登记

股权转让完成后，应向公司登记机关申请办理工商变更登记，将新的股东信息记录在公司登记档案中。这一步骤是确保股权转让具有法律效力的关键，也是对外公示股权变动的重要环节。

6. 通知债权人与相关方

根据《公司法》的规定，股权转让可能会影响公司债权人或其他相关方的利益，因此，股东应适时通知利益相关方股权转让的事实，确保其权益不受侵害。

【相关法条】

《中华人民共和国公司法》第八十六条　　股东转让股权的，应当书面通知公司，请求变更股东名册；需要办理变更登记的，并请求公司向公司登记机关办理变更登记。公司拒绝或者在合理期限内不予答复的，转让人、受让人可以依法向人民法院提起诉讼。

股权转让的，受让人自记载于股东名册时起可以向公司主张行使股东权利。

2.8 股权转让时，其他股东在同等条件下享有优先购买权

在公司运营中，股东优先购买权是股东的一项重要权益。这项权益的核心是：当一个股东打算出售其持有的公司股份时，其他股东有权在相同的价格和条件下优先于外界的买家购入这些股份。简单地说，就是"近水楼台先得月"。股东优先购买权能够确保公司内部股东在公司股权结构发生变化时，优先表达其购买意愿，从而维持公司内部的稳定和平衡。

想象一下，你和几个朋友共同创立了一家小型企业。随着时间推移，其中一位股东因为个人原因想出售他所持有的股份。如果没有股东优先购买权的设定，这位股东可以自由地将股份卖给任何人，甚至可能是你们不认识的人或对你们的公司意图不明的投资人。这样一来，新股东有可能改变公司的发展方向，影响公司的经营策略和团队合作等，这对你们来说，是不是有一定的风险？

然而，因为有股东优先购买权，情况就不同了。当这位股东打算出售股份时，他先要通知公司的其他股东，告知大家他打算以什么样的价格和条件出售。这时，你和其他股东就有了一个选择的机会——如果你们愿意，可以在同样的价格和条件下优先购买这些股份。这样，内部股东就有机会保持对公司决策的影响力，避免外部未知力量介入，从而维护公司的

稳定。

股东的优先购买权之所以非常重要，有以下几个原因。

（1）有助于维护公司的稳定：确保内部股东能够控制公司股权的流动，避免外部力量突然介入可能带来的不稳定因素。

（2）有助于保护股东的权益：为股东提供了优先收购机会，特别是小股东，可以防止自己的权益被边缘化。

（3）有助于促进内部沟通：在股份转让的过程中，促进股东之间的沟通与协商，有助于构建更加和谐的公司治理环境。

在现实操作中，股东优先购买权的行使通常遵循着一套既定的流程。

（1）通知：打算出售股份的股东需要向其他股东发送正式的通知，说明出售的意向、价格和条件。

（2）回应期：其他股东收到通知后，有一定的回应时间（比如三十日内），在这期间其他股东可以决定是否行使优先购买权。

（3）协商与执行：如果有多个股东都表示愿意购买，则需要协商、确定各自的购买比例。如果协商不成，通常会按照各自在公司的持股比例来分配购买权。一旦协商一致，双方就可以签订股权转让协议，正式完成交易。

总之，股东优先购买权是一项可平衡股东权益、促进公司内部和谐的重要机制。它既可以为股东提供保护，也有助于公司长期稳定和发展。在面对股权变动时，理解和运用好这项权利，对于维护公司的健康生态至关重要。

【相关法条】

《中华人民共和国公司法》第八十四条　有限责任公司的股东之间可以相互转让其全部或者部分股权。

股东向股东以外的人转让股权的，应当将股权转让的数量、价格、支付方式和期限等事项书面通知其他股东，其他股东在同等条件下有优先购买权。股东自接到书面通知之日起三十日内未答复的，视为放弃优先购买权。两个以上股东行使优先购买权的，协商确定各自的购买比例；协商不成的，按照转让时各自的出资比例行使优先购买权。

公司章程对股权转让另有规定的，从其规定。

第 *3* 章

有限责任公司的
组织机构

3.1 有限责任公司必须设股东会吗

股东会是公司的权力机构，由公司的全体股东组成，是股东行使股东权利的重要形式。股东会通过召开会议的方式，让股东们能够充分表达意见和意愿，共同决定公司的发展方向和重大事务，以保障股东的权益和实现公司的稳定发展。

在现代企业制度中，股东会是有限责任公司中至关重要的机构，代表了公司所有者的集体意志，是公司决策和治理的基础。根据《公司法》的规定，有限责任公司确实需要设立股东会，但这一要求并非一刀切，存在一定的例外情形。本节将探讨有限责任公司设立股东会的必要性、职权以及特殊情况下的规定。

1. 有限责任公司设立股东会的必要性

股东会作为有限责任公司的权力机构，其设立的必要性主要体现在以下几个方面。

（1）决策中心：股东会负责审议和批准公司的重要决策，包括但不限于选举和更换董事会成员、监事，审议批准公司的利润分配方案和亏损弥补方案，对公司注册资本的增减作出决议等。

（2）监督作用：股东会有助于监督公司管理层的运作，确保管理层的行为符合股东的整体利益，防止管理层滥用职权或作出损害公司利益的行为。

（3）协调机制：在多股东的情况下，股东会是解决股东间分歧、促进共识形成的重要平台，有利于维护公司内部的和谐与稳定。

2. 股东会的主要职权

（1）选举和更换非由职工代表担任的董事、监事，决定有关董事、监事的报酬事项。

（2）审议批准董事会的报告。

（3）审议批准监事会或者监事的报告。

（4）审议批准公司的利润分配方案和弥补亏损方案。

（5）对公司增加或者减少注册资本作出决议。

（6）对发行公司债券作出决议。

（7）对公司合并、分立、解散、清算或者变更公司形式作出决议。

（8）修改公司章程等。

3. 特殊情况下的规定

尽管大多数有限责任公司必须设立股东会，但也存在一些特殊情况，根据《公司法》及相关法律法规，以下几类公司可以不设立股东会。

（1）一人有限责任公司：仅有一位自然人股东或一个法人股东的公司，由于不存在多个股东之间的协调与决策问题，因此无须设立股东会。股东个人或法人股东可以直接作出决策，但需要遵循公司章程中关于决策程序的规定。

（2）国有独资公司：由国家单独出资、国务院或者地方人民政府授权本级人民政府国有资产监督管理机构履行出资人职责的公司，其决策通常由国有资产监督管理机构或其授权的代表机构作出，无须设立股东会。

综上所述，有限责任公司设立股东会是法律的普遍要求，旨在保障公司治理结构健全和维护股东的权益。但在特定情况下，如一人有限责任公司和国有独资公司，可以不设立股东会，而通过其他机制实现决策和管理。

无论是否设立股东会，公司都应确保决策过程透明、公平及合法，以促进公司健康持续发展。

【相关法条】

《中华人民共和国公司法》第五十八条　有限责任公司股东会由全体股东组成。股东会是公司的权力机构，依照本法行使职权。

第六十条　只有一个股东的有限责任公司不设股东会。股东作出前条第一款所列事项的决定时，应当采用书面形式，并由股东签名或者盖章后置备于公司。

3.2 股东会会议的召集和主持

在公司治理结构中，股东会作为最高决策机构，其会议的召集与主持不仅是公司内部管理的重要环节，更是确保股东权益、促进公司健康发展和维护市场秩序的关键所在。本节将围绕股东会会议的召集与主持，探讨其程序、责任与实践要点，帮助读者深入了解这一核心流程。

1. 股东会会议的召集

股东会会议的召集是启动决策程序的第一步，其程序严谨，旨在保障每位股东的参与权与知情权。根据《公司法》及相关法律法规，股东会会议的召集通常遵循以下步骤。

（1）发起召集：股东会会议一般由董事会或执行董事发起召集，也可以由监事会、代表十分之一以上表决权的股东提议召开。这里需要注意的是，股东会的首次会议由出资最多的股东召集和主持。

（2）会议通知：召集人需提前一定时间（通常为十五天）向全体股东发出书面会议通知，通知中应包含会议时间、地点、议题等关键信息，确保每位股东有足够的时间准备和安排参会。

（3）会议记录：会议召开前，应准备会议议程和相关资料，确保会议高效、有序进行。同时，应指定专人记录会议过程和决议内容，形成会议纪要，作为日后执行决议和解决争议的依据。

2. 股东会会议的主持

股东会会议的主持，旨在确保会议公正、公平与高效。通常由董事长或执行董事担任主持人，其主要职责包括以下几方面。

（1）控制会议进程：主持人应确保会议按照预定议程进行，合理分配讨论时间，避免讨论无关议题，确保会议高效达成目标。

（2）维护会议秩序：主持人需维护会议现场的秩序，确保每位股东有机会发言，防止个别人的不当行为干扰会议正常进行。

（3）引导决议形成：主持人应引导股东就议案进行充分讨论，鼓励股东发表意见，确保决策过程民主、合理，最终形成有效的股东会决议。

3. 实践中的注意事项

在实际操作中，股东会会议的召集与主持需注意以下几点。

（1）合法性与合规性：会议的召集与主持行为应严格遵守《公司法》及公司章程的规定，确保会议的合法性和决议的有效性。

（2）充分准备：召集人和主持人应充分准备，确保会议资料齐全，议题明确，避免会议因准备不足而陷入混乱。

（3）透明度与公正性：会议应保持高度透明，应平等对待所有股东，确保每位股东的权益得到尊重和保护。

（4）记录与归档：会议纪要应详细记录会议过程和决议结果，及时归档，作为公司档案保存，供未来查阅和审计。

股东会会议是公司治理中不可或缺的环节。通过遵循法定程序，确保会议公正、公平与高效，不仅能有效促进公司内部的决策效率，还能增强股东之间的信任与合作，为公司的长期稳定发展奠定坚实的基础。在实践中，公司管理层应重视这一过程，不断提升会议的组织水平和决策质量，推动公司治理的现代化与专业化。

【相关法条】

《中华人民共和国公司法》第六十三条　股东会会议由董事会召集，董事长主持；董事长不能履行职务或者不履行职务的，由副董事长主持；副董事长不能履行职务或者不履行职务的，由过半数的董事共同推举一名董事主持。

董事会不能履行或者不履行召集股东会会议职责的，由监事会召集和主持；监事会不召集和主持的，代表十分之一以上表决权的股东可以自行召集和主持。

第六十四条　召开股东会会议，应当于会议召开十五日前通知全体股东；但是，公司章程另有规定或者全体股东另有约定的除外。

股东会应当对所议事项的决定作成会议记录，出席会议的股东应当在会议记录上签名或者盖章。

3.3 股东会会议的表决程序

在公司治理框架下，股东会作为公司权力机构，其决策通过股东会会议的表决程序得以体现。正确的表决程序不仅可确保股东权益得以公平实现，也是公司合法决策的基石。

1.表决程序的基本规则

股东会会议的表决程序受《公司法》及公司章程的双重规范，其基本规则如下。

（1）表决权的确定：每个股东的表决权通常与其持股比例相对应，即一股一票原则。但在某些情况下，如公司章程另有规定或对特定事项进行表决，表决权可能有所不同。

（2）出席与代理：股东有权亲自出席股东会会议并投票，也可委托代理人代为出席并行使表决权。代理人需持有书面授权书，明确授权范围和期限。

（3）表决方式：表决可采取口头、举手或无记名投票等方式进行，具体方式应在会议通知中明确，确保每位股东了解并能有效参与。

（4）表决门槛：对于普通决议，通常需获得出席股东会的股东所持表决权过半数同意；而对于特别决议，如修改公司章程、增加或减少注册资本以及公司合并、分立、解散或者变更公司形式等，则需获得三分之二以上表决权的股东同意。

2. 表决程序的实践操作

在实际操作中，股东会会议的表决程序涉及以下关键步骤。

（1）会议召集与通知：根据上节提及的时间（会议召开前十五日），向所有股东发出会议通知，明确会议时间、地点、议题和表决方式。

（2）股东资格确认：在会议开始前，确认出席股东的身份和持股情况，核对代理人的授权书，确保每位参与表决的股东资格合法有效。

（3）议题讨论与解释：会议主持人应确保每位股东有机会就议题进行充分讨论，必要时邀请管理层或专家进行解释说明，保证所有股东在充分知情的基础上作出决策。

（4）正式表决：按照事先确定的表决方式进行投票，确保每位股东的投票情况得到准确记录。

（5）统计与宣布结果：投票结束后，立即统计表决结果，由会议主持人或指定人员宣布，确保过程透明、公开。

3. 表决程序对决策质量的影响

合理的表决程序对于提升股东会决策的质量至关重要，主要包括以下几方面。

（1）促进公平与公正：规范的表决程序能够保障每位股东的表决权得到尊重，防止大股东单方面主导决策，维护中小股东的合法权益。

（2）提高决策效率：清晰的表决规则和流程减少了不必要的争执与拖延，有助于股东会会议高效进行，快速形成决议。

（3）增强决策的合法性：遵循法定程序的表决过程增强了决议的法律效力，降低了后续可能出现的法律风险，保障公司运营的稳定与合规。

股东会会议的表决程序是公司治理中不可或缺的一环，其重要性不容小觑。通过遵循法定规则、优化实践操作，不仅可以提升公司决策的公正性和效率，还能增强股东间的信任与合作，有助于公司长期稳定发展。在不断变化的商业环境中，持续优化和完善表决程序，对于维护良好的公司治理结构具有重要意义。

【相关法条】

《中华人民共和国公司法》第六十五条　股东会会议由股东按照出资比例行使表决权；但是，公司章程另有规定的除外。

第六十六条　股东会的议事方式和表决程序，除本法有规定的外，由公司章程规定。

股东会作出决议，应当经代表过半数表决权的股东通过。

股东会作出修改公司章程、增加或者减少注册资本的决议，以及公司合并、分立、解散或者变更公司形式的决议，应当经代表三分之二以上表决权的股东通过。

3.4 董事会的组成和董事的任期

董事会作为公司治理结构中的核心机构，承担着制定战略方向、监督管理层和保护股东利益等重要职责。其组成和董事任期的设定，直接影响公司决策的效率、质量和公司的长期发展。

1. 董事会的组成

董事会的组成涉及多个层面的考量，旨在构建一个既能代表股东利益，又具备多元化视角和专业能力的决策团队。根据《公司法》及相关法律法规，董事会的组成主要包括以下几个关键方面。

（1）董事会规模：董事会的人数通常受到公司规模、业务复杂程度和法律规定的限制。有限责任公司的董事会人数为三人以上，而职工人数在三百人以上的有限责任公司，董事会成员中必须有职工代表。

（2）董事会领导结构：董事会设董事长一人，可以设副董事长。董事长和总经理的角色是否分离，会对公司治理产生显著影响。分离的领导结构有助于加强董事会的独立性和监督作用。规模较小或股东人数较少的有限责任公司，可以不设董事会，设一名董事。

（3）董事会下属委员会：为了提高决策的专业性和效率，董事会通常会设立多个职能委员会，如审计委员会、提名委员会、薪酬委员会等。这些委员会由董事会成员组成，专门负责特定领域的事务，向董事会报告。

2. 董事的任期

董事的任期制既可以确保董事会具有稳定性和连续性，又可以保持董事会有活力和创新能力。根据《公司法》的规定，董事的任期通常为三年，每届任期不得超过三年，但可以连选连任。这种规定旨在平衡董事会的稳定性与更新换代的需要，确保董事会能够适应不断变化的市场环境和公司战略。

董事会的组成与董事的任期是公司治理结构的重要组成部分，它们的合理设计与实施对于构建高效、透明和负责任的公司治理体系至关重要。通过不断优化董事会的构成和运作机制，公司能够更好地应对内外部挑战，实现长期稳健发展。未来，随着公司治理理论和实践的不断发展，董事会的组成及董事任期方面的管理也可能发生变化，以适应更加复杂多变的商业环境。

【相关法条】

《中华人民共和国公司法》第六十八条　有限责任公司董事会成员为三人以上，其成员中可以有公司职工代表。职工人数三百人以上的有限责任公司，除依法设监事会并有公司职工代表的外，其董事会成员中应当有公司职工代表。董事会中的职工代表由公司职工通过职工代表大会、职工大会或者其他形式民主选举产生。

董事会设董事长一人，可以设副董事长。董事长、副董事长的产生办法由公司章程规定。

第七十条　董事任期由公司章程规定，但每届任期不得超过三年。董事任期届满，连选可以连任。

　　董事任期届满未及时改选，或者董事在任期内辞任导致董事会成员低于法定人数的，在改选出的董事就任前，原董事仍应当依照法律、行政法规和公司章程的规定，履行董事职务。

　　董事辞任的，应当以书面形式通知公司，公司收到通知之日辞任生效，但存在前款规定情形的，董事应当继续履行职务。

　　第七十五条　规模较小或者股东人数较少的有限责任公司，可以不设董事会，设一名董事，行使本法规定的董事会的职权。该董事可以兼任公司经理。

3.5 董事会会议的召集和主持

董事会会议作为公司治理的核心环节，其有效召集与主持对于确保决策的及时性、合理性和合规性至关重要。本节旨在探讨董事会会议的召集程序、主持职责及相关注意事项，以期构建一个高效、有序的决策流程。

1. 董事会会议的召集

董事会会议的召集是启动决策流程的第一步，其规范性直接关系到会议的合法性和有效性。根据《公司法》及相关法律法规，董事会会议的召集应遵循以下原则。

（1）定期与临时会议：董事会应定期召开会议，一般每年至少召开两次。此外，当出现紧急情况或根据《公司法》相关规定（如代表十分之一以上表决权的股东、三分之一以上董事或监事会提议），可以召开临时会议。

（2）会议通知：董事会会议的召集人（通常是董事长）应在会议召开前合理时间内（通常为十日），向全体董事及监事发出书面通知，明确会议的时间、地点、议题和参会要求。

（3）议题准备：会议通知应附带详细的会议议程，确保董事有足够的时间准备和研究相关议题，以便于会议上进行有效讨论。

2. 董事会会议的主持

董事会会议的主持工作对于维持会议秩序、促进有效沟通和确保决策质量等起着至关重要的作用。主持者的职责主要包括以下内容。

（1）确保会议的合规性：主持者应确保会议的召开符合法律法规和公司章程的要求，包括参会人员的资格、会议程序等。

（2）控制会议进程：主持者需掌握会议的节奏，确保每个议题都有充足的时间进行讨论，同时避免无关话题的延展，以使会议高效进行。

（3）促进意见交流：鼓励所有董事积极参与讨论，确保每个人的声音都被听到，尤其是要给予独立董事充分发言的机会，以体现董事会决策的多元性和公正性。

（4）决策记录与决议：主持者应确保会议记录的完整性和准确性，包括每位董事的发言要点、投票情况和最终决议。会议记录是公司档案的重要组成部分，应妥善保管。

3. 其他注意事项

为了确保董事会会议顺利进行和决策有效，还需注意以下几点。

（1）保密性：会议讨论的内容，尤其是涉及公司敏感信息的议题，应严格保密，不得泄露给未经授权的第三方。

（2）利益冲突声明：会议中若涉及个人或关联方利益，相关董事应主动声明，必要时回避相关议题的讨论和投票。

（3）决策后的执行与监督：会议决议应明确执行责任人和时间表，同时建立监督机制，确保决议得到有效执行。

董事会会议的召集与主持是公司治理中不可或缺的环节，其规范性和效率直接影响公司决策的质量和速度。遵循法定程序、明确主持职责并注重会议的细节管理，可以构建一个高效、合规的决策流程，为公司的稳健发展奠定坚实的基础。

【相关法条】

《中华人民共和国公司法》第七十二条　董事会会议由董事长召集和主持；董事长不能履行职务或者不履行职务的，由副董事长召集和主持；副董事长不能履行职务或者不履行职务的，由过半数的董事共同推举一名董事召集和主持。

3.6 董事会的议事方式和表决程序

董事会作为公司治理结构中的核心决策机构，其议事方式和表决程序直接关系到公司决策的效率、公平性和合规性。合理的议事方式和表决程序不仅能提升董事会的决策质量，还能增强董事会成员之间的沟通与协作，确保公司战略目标顺利实现。

1. 董事会的议事方式

董事会的议事方式是指董事会成员讨论和审议公司事务的方法及流程，主要包括以下几方面。

（1）出席会议与代理：董事会会议应有过半数的董事出席时方可举行。董事因故不能出席的，可以书面委托其他董事代为出席并表决，但每一位董事只能接受一位董事的委托。

（2）议题讨论与决策：会议中，董事应围绕议题充分发表意见，进行深入讨论。为确保决策全面、公正，董事会应鼓励所有董事积极参与讨论，尤其是独立董事的意见应得到充分重视。

2. 董事会的表决程序

董事会的表决程序是指董事会在作出决议时的投票规则和流程，主要包括以下几方面。

（1）一人一票制：在董事会决议中，每位董事拥有一票表决权，实行一人一票制，确保每位董事的意见都能在决策过程中平等地反映出来。

（2）过半数通过原则：董事会作出的决议，必须经全体董事的过半数通过。这有助于确保决策受到广泛支持以及决策具有合法性，防止少数董事的意志主导董事会。

（3）公开表决与秘密投票：表决方式通常为公开表决，但在某些敏感议题上，为保护董事的独立判断，也可采取秘密投票的方式。

（4）记录与公告：董事会的决议应当形成书面记录，并由参会董事签字确认。对于重大决议，公司还应按照法律法规的要求，及时向股东和社会公众公告，增强决策的透明度。

通过规范的议事方式和表决程序，董事会能够确保决策过程民主、透明及合规，为公司的发展提供坚实的战略指导。在日益复杂的商业环境中，高效的董事会决策机制是公司成功的关键因素之一。

【相关法条】

《中华人民共和国公司法》第七十三条　董事会的议事方式和表决程序，除本法有规定的外，由公司章程规定。

董事会会议应当有过半数的董事出席方可举行。董事会作出决议，应当经全体董事的过半数通过。

董事会决议的表决，应当一人一票。

董事会应当对所议事项的决定作成会议记录，出席会议的董事应当在会议记录上签名。

3.7 监事与监事会的职权

在现代企业治理结构中，监事与监事会作为独立于董事会和管理层的监督机构，扮演着至关重要的角色。设立监事与监事会，旨在确保公司运营合法、合规以及维护股东的权益，被视为企业治理的第三道防线。

1. 监事与监事会的设立

监事或监事会的设立基于《公司法》等相关法律法规的要求，旨在强化公司内部监督机制，预防和纠正公司运营中的违法违规行为。无论是有限责任公司还是股份有限公司，均应依法设立监事或监事会。有限责任公司规模较小、股东人数较少的，可设一名或两名监事，不设监事会；而股份有限公司则必须设立监事会。

2. 监事与监事会的职权

监事与监事会的职权广泛，覆盖了公司运营的多个层面，主要包括以下内容。

（1）检查公司财务：有权查阅公司财务账簿、会计凭证等资料，监督公司财务活动的合规性，确保财务信息真实、完整。

（2）监督董事、高级管理人员执行公司职务的行为：审查董事和高级管理人员是否忠实履行职责，是否存在损害公司利益的行为，如发现不当行为，有权提出质询或建议。

（3）提议召开临时股东会会议：当监事会认为必要时，有权提议召开临时股东会会议，讨论和解决公司面临的重大问题。

（4）向股东会会议提出提案：监事会可以直接向股东会会议提交议案，涉及公司重大决策和经营方向调整的议案，需经过监事会审议并通过。

（5）列席董事会会议：监事会成员有权列席董事会会议，对董事会的决策过程进行监督，确保决策的透明性和公正性。

（6）独立行使监督权：监事会在行使职权时，不受任何单位和个人的干涉，独立履行监督职责，保护公司和股东的合法权益。

通过上述职权的行使，监事与监事会能够在公司治理中发挥重要作用，确保公司运营的健康、透明和合规，维护所有股东的合法权益，促进企业的长期稳定发展。

【相关法条】

《中华人民共和国公司法》第七十六条　有限责任公司设监事会，本法第六十九条、第八十三条另有规定的除外。

监事会成员为三人以上。监事会成员应当包括股东代表和适当比例的公司职工代表，其中职工代表的比例不得低于三分之一，具体比例由公司章程规定。监事会中的职工代表由公司职工通过职工代表大会、职工大会或者其他形式民主选举产生。

监事会设主席一人，由全体监事过半数选举产生。监事会主席召集和主持监事会会议；监事会主席不能履行职务或者不履行职务的，由过半数的监事共同推举一名监事召集和主持监事会会议。

董事、高级管理人员不得兼任监事。

第七十七条　监事的任期每届为三年。监事任期届满，连选可以连任。

监事任期届满未及时改选，或者监事在任期内辞任导致监事会成员低于法定人数的，在改选出的监事就任前，原监事仍应当依照法律、行政法规和公司章程的规定，履行监事职务。

第七十八条　监事会行使下列职权：

（一）检查公司财务；

（二）对董事、高级管理人员执行职务的行为进行监督，对违反法律、行政法规、公司章程或者股东会决议的董事、高级管理人员提出解任的建议；

（三）当董事、高级管理人员的行为损害公司的利益时，要求董事、高级管理人员予以纠正；

（四）提议召开临时股东会会议，在董事会不履行本法规定的召集和主持股东会会议职责时召集和主持股东会会议；

（五）向股东会会议提出提案；

（六）依照本法第一百八十九条的规定，对董事、高级管理人员提起诉讼；

（七）公司章程规定的其他职权。

第 **4** 章

股份有限公司的设立和组织机构

4.1 股份有限公司的设立方式：发起设立和募集设立

股份有限公司作为现代企业制度中的重要组成部分，其设立方式主要分为两类：发起设立和募集设立。这两种设立方式各有特点，适用于不同的情境和需求。

一、发起设立

发起设立是指由一个或多个发起人（一人以上二百人以下）认购公司应发行的全部股份来设立公司。这种设立方式下，公司初始的所有股份均由发起人自行认购，无须向社会公开募集。发起设立通常适用于规模相对较小、股东数量有限的情况，或者是股东有较强信任基础和较强合作意愿的公司。

1. 发起设立的特点

（1）封闭性：所有股份由发起人自行认足，不需要公开募股。

（2）股东一致性：发起人对公司的发展愿景明确，股东的目标和利益较为一致。

（3）流程简单：相较于募集设立，发起设立的流程相对简单，不需要经历复杂的公开募股阶段。

2. 发起设立的流程

（1）确定发起人：确定发起人名单，发起人数量需符合《公司法》的规定，且须有半数以上的发起人在中国境内有住所。

（2）制定公司章程：发起人共同制定公司章程，明确公司的名称、住所、经营范围、注册资本、股份总额、每股金额等基本信息。

（3）认缴出资：发起人按照公司章程规定的出资方式和数额认缴出资。

（4）验资与登记：由依法设立的验资机构出具验资证明，然后向公司登记机关申请设立登记，领取营业执照。

下面通过两个实例直观展示股份有限公司发起设立的流程。

实例一

张先生和李女士是朋友，他们决定共同创办一家科技公司，专注于开发人工智能软件。他们计划注册资本为 500 万元人民币，公司股份全部由两人共同认购。在这种情况下，张先生和李女士就是这家科技公司的发起人。

设立步骤如下。

（1）张先生和李女士共同制定了公司章程，明确了公司的名称、经营范围、注册资本、股份总额等信息。

（2）他们各自认缴了一定比例的注册资本：张先生认缴了 300 万元，占股 60%；李女士认缴了 200 万元，占股 40%。

（3）认缴出资后，他们聘请了会计师事务所进行验资，以证明注册资本已经到位。

（4）最后，张先生和李女士向当地市场监督管理局提交了设立申请，包括公司章程、验资报告等文件，获得了营业执照，完成了公司设立的全部流程。

实例二

某家族企业原本是一家制造业的小型企业，为了更好地经营管理该企业，家族成员决定将该企业转变为股份有限公司，注册资本设定为1000万元。全部股份由家族成员认购，不向外界公开募股。

设立步骤如下。

（1）家族成员开会讨论并决定将企业转型为股份有限公司，制定公司章程，明确公司的名称、经营范围、注册资本等信息。

（2）家族成员根据各自的贡献和股权分配，认缴相应的注册资本。例如：父亲作为主要创始人，认缴了大部分股份；子女们则根据各自的角色和能力认缴剩余股份。

（3）进行验资，证明所有认缴的注册资本均已到位。

（4）向当地市场监督管理局提交设立申请，包括公司章程、验资报告等文件，获得公司的营业执照，完成股份有限公司的设立。

以上两个实例展示了发起设立的基本流程和应用场景。发起设立的特点在于封闭性和股东间的高度信任，适合股东数量有限、规模较小或希望保持私密性的公司运用。

二、募集设立

募集设立是指发起人仅认购公司所发行股份的一部分，其余股份则通过公开募集或向特定对象募集的方式来设立公司。这种方式适合于需要大量资金、期望吸引广泛投资者的大型公司。

1. 募集设立的特点

（1）开放性：部分或全部股份面向社会公开或非公开募集，增加了公司的融资渠道。

（2）股东多元化：股东群体可能更加广泛，包括个人投资者、机构投资者等。

（3）流程复杂：需要经过证监会审批，公开募股涉及信息披露、路演等一系列复杂流程。

2. 募集设立的流程

（1）确定发起人：这一流程与发起设立相同，但发起人认购的股份比例较低。

（2）制作招股说明书：制定详细的招股说明书，披露公司的经营状况、财务数据、募股计划等信息。

（3）申请中国证券监督管理委员会（以下简称证监会）批准：向证监会提交招股说明书和其他相关材料，以公开发行股票。

（4）公开募股：通过公开市场或向特定对象募集剩余股份。

（5）验资与登记：验资后，向公司登记机关申请设立登记，公司正式成立。

下面通过一个实例直观展示股份有限公司募集设立的流程。

几位业内人士计划设立一家新能源汽车公司，他们将公司的注册资本设定为 1 亿元人民币，计划发行 1 亿股，每股面值 1 元。几位发起人计划自己认购其中的 30%（即 3000 万股），剩余的 70%（即 7000 万股）将通过公开募集的方式向社会公众出售。

募集设立的步骤如下。

（1）发起人认购：发起人团队首先认购3000万股，这部分股份的认购通常会按照高于面值的价格进行，以显示发起人对公司前景的信心。

（2）准备招股说明书：公司需要准备一份详细的招股说明书，其中包括公司的业务计划、财务状况、市场分析、管理团队介绍、风险因素及募集股份的使用计划等。这份说明书必须详尽、准确，以供潜在投资者评估投资价值。

（3）获得监管机构批准：公司需向证券监管机构提交招股说明书，以被批准公开发行股票。

（4）公开募股：一旦获得批准，公司就可以通过各种渠道（如证券交易所、网上平台、金融机构等）向公众出售剩余的7000万股股份。这个过程可能包括路演、广告宣传等，以吸引投资者。

（5）验资与登记：募资结束后，公司需要请会计师事务所验资，确认所有资金已到位，然后向市场监督管理局申请公司设立登记，领取营业执照，正式成立公司。

（6）上市交易：如果符合条件，公司还可以申请在证券交易所上市，使股份可以公开交易，增加流动性。

通过募集设立，该新能源汽车公司不仅获得了启动和运营所需的大量资金，还引入了众多小股东，增加了公司的公众持股比例，提升了公司知名度和市场影响力。同时，这也为小投资者提供了参与新兴行业、获得财富增长机会的途径。

发起设立和募集设立是设立股份有限公司的两种基本方式，各自适应不同的公司需求和发展阶段。发起设立更适合于股东数量有限、规模较小或股东有高度信任的公司；而募集设立则适用于需要大量外部资金、期望扩大股东基础的大中型企业。选择合适的设立方式，对于公司未来的发展和治理结构具有深远影响。

【相关法条】

《中华人民共和国公司法》第九十一条　设立股份有限公司，可以采取发起设立或者募集设立的方式。

发起设立，是指由发起人认购设立公司时应发行的全部股份而设立公司。

募集设立，是指由发起人认购设立公司时应发行股份的一部分，其余股份向特定对象募集或者向社会公开募集而设立公司。

第九十二条　设立股份有限公司，应当有一人以上二百人以下为发起人，其中应当有半数以上的发起人在中华人民共和国境内有住所。

4.2 股份有限公司的设立条件

股份有限公司作为现代市场经济的一种重要组织形式，不仅承载着推动经济发展、创造就业机会的重任，也是资源配置和资本运作的关键平台。其设立条件严格而细致，旨在确保公司运营规范、透明，以及对股东权益的保护。

1. 发起人的资格与数量

股份有限公司的发起人应当有一人以上二百人以下，其中须有半数以上的发起人在中国境内有住所。发起人可以是自然人，也可以是法人，但需具备完全民事行为能力和良好的商业信誉，不得有法律规定的禁止从事经营活动的情形。

2. 注册资本与认缴制度

除特定行业外，《公司法》取消了对股份有限公司注册资本的最低限额要求，实行注册资本认缴登记制。这意味着股东承诺在未来一定期限内缴纳注册资本即可，不必立即实缴全部资本，提高了公司设立的灵活性。

3. 制定公司章程

公司章程是股份有限公司设立的基石，公司章程必须详细规定公司的名称、住所、经营范围、注册资本、股份总额、每股金额、发起人姓名或名称、出资额和出资方式、股东的权利与义务、董事会和监事会的构成及其职权、利润分配和亏损承担方式等重要内容。公司章程须经全体发起人一致同意，并由发起人签名盖章。

4. 验资与登记

发起人需按照公司章程规定的方式和期限缴纳出资，并由依法设立的验资机构出具验资证明。完成验资后，发起人应当向公司登记机关申请设立登记，提交公司章程、验资证明、发起人身份证明等相关文件。经审核合格，公司登记机关将颁发营业执照，股份有限公司正式成立。

5. 股份的发行与转让

股份有限公司设立时，发起人应当向社会公开募集股份的，还应依法制作招股说明书，明确募集资金的用途、股份发行的数量、价格、起止日期以及认股人的权利义务等。股份发行完成后，公司应当及时办理股份登记，股份可以自由转让，但发起人持有的本公司股份，自公司成立之日起一年内不得转让。

综上所述，股份有限公司的设立条件涵盖了发起人资格、注册资本、公司章程、验资与登记、股份发行与转让等多个方面，每一项都体现了国家对股份有限公司规范化管理的要求，旨在构建稳健、透明、负责任的市场参与者。企业家在筹划设立股份有限公司时，应全面考虑这些条件，确保公司合法、合规运营。

【相关法条】

《中华人民共和国公司法》第九十五条　股份有限公司章程应当载明下列事项：

（一）公司名称和住所；

（二）公司经营范围；

（三）公司设立方式；

（四）公司注册资本、已发行的股份数和设立时发行的股份数，面额股的每股金额；

（五）发行类别股的，每一类别股的股份数及其权利和义务；

（六）发起人的姓名或者名称、认购的股份数、出资方式；

（七）董事会的组成、职权和议事规则；

（八）公司法定代表人的产生、变更办法；

（九）监事会的组成、职权和议事规则；

（十）公司利润分配办法；

（十一）公司的解散事由与清算办法；

（十二）公司的通知和公告办法；

（十三）股东会认为需要规定的其他事项。

第九十七条　以发起设立方式设立股份有限公司的，发起人应当认足公司章程规定的公司设立时应发行的股份。

以募集设立方式设立股份有限公司的，发起人认购的股份不得少于公司章程规定的公司设立时应发行股份总数的百分之三十五；但是，法律、行政法规另有规定的，从其规定。

4.3 成为股份有限公司发起人的条件和责任

在现代商业社会中，股份有限公司作为企业的一种重要形式，其设立与运营离不开发起人的参与和推动。发起人不仅是公司成立的基石，更是其未来发展的关键推手。本节旨在探讨股份有限公司发起人的身份要求以及他们所承担的多重责任。

1. 发起人的身份要求

股份有限公司的发起人可以是自然人，也可以是法人，甚至包括国有企业、私营企业、事业单位和社会团体等。无论身份如何，发起人需具备如下相应的资质和条件。

（1）自然人发起人：必须是具有完全民事行为能力的成年人，即能够独立承担民事责任。

（2）法人发起人：应是在相关部门注册登记的企业、事业单位或社会团体，拥有独立的法人地位和资产。

（3）国籍与住所：半数以上的发起人需在中国境内有住所，对于自然人而言，这通常指其户籍所在地或经常居住地；对于法人而言，则指其主要办事机构所在地。这有助于确保公司治理结构稳定、合法。

（4）人数限制：根据《公司法》规定，发起人数量应在一至两百人之间。

2. 发起人的责任

发起人在公司设立及运营初期扮演着至关重要的角色，其责任重大且多样。

（1）连带责任：若公司设立失败，发起人需对设立过程中的所有债务和费用承担连带清偿责任，同时对已认缴股款的股东负有退还股款并加付利息的义务。

（2）出资责任：发起人必须按认缴的股份数额和约定的时间、方式足额缴纳出资，无论是货币、实物还是无形资产，都需经过专业评估并合法地转移给公司。

（3）信息披露与诚信义务：在设立过程中，发起人有义务向潜在股东提供真实、完整、准确的信息，不得隐瞒重要事实或提供虚假陈述，确保信息的透明度和市场的公平性。

（4）损害赔偿责任：如果发起人的不当行为导致公司或第三方遭受损失，发起人需承担相应的损害赔偿责任。

（5）合规义务：发起人必须严格遵守《公司法》《中华人民共和国证券法》（以下简称《证券法》）等相关法律法规，确保公司的设立和运营具有合法性。

（6）禁止不当得利：发起人不得利用设立公司之便获取不正当利益，任何违反此原则的行为都将受到法律的严惩。

股份有限公司的发起人不仅是公司成立的先行者，也是公司长期发展的守护者，肩负着确保公司顺利设立、健康运营的重大使命，同时承担着相应的法律责任。因此，发起人在享受创业带来的机遇和回报的同时，应深刻理解并履行自己的职责，为构建合法、透明、稳健的公司奠定坚实的基础。

【相关法条】

《中华人民共和国公司法》第九十三条　股份有限公司发起人承担公司筹办事务。

发起人应当签订发起人协议，明确各自在公司设立过程中的权利和义务。

第九十九条　发起人不按照其认购的股份缴纳股款，或者作为出资的非货币财产的实际价额显著低于所认购的股份的，其他发起人与该发起人在出资不足的范围内承担连带责任。

第一百零五条　公司设立时应发行的股份未募足，或者发行股份的股款缴足后，发起人在三十日内未召开成立大会的，认股人可以按照所缴股款并加算银行同期存款利息，要求发起人返还。

发起人、认股人缴纳股款或者交付非货币财产出资后，除未按期募足股份、发起人未按期召开成立大会或者成立大会决议不设立公司的情形外，不得抽回其股本。

第一百零七条　本法第四十四条、第四十九条第三款、第五十一条、第五十二条、第五十三条的规定，适用于股份有限公司。

第四十四条　有限责任公司设立时的股东为设立公司从事的民事活动，其法律后果由公司承受。

公司未成立的，其法律后果由公司设立时的股东承受；设立时的股东为二人以上的，享有连带债权，承担连带债务。

设立时的股东为设立公司以自己的名义从事民事活动产生的民事责任，第三人有权选择请求公司或者公司设立时的股东承担。

设立时的股东因履行公司设立职责造成他人损害的，公司或者无过错的股东承担赔偿责任后，可以向有过错的股东追偿。

4.4 成立大会

在股份有限公司的生命历程中，召开成立大会标志着其从筹备阶段正式迈入实体存在的关键一步。成立大会不仅是公司成立的重要程序，也是股东们行使权利、确定公司发展方向的首次集体决策平台。

1. 成立大会的意义

成立大会是股份有限公司设立过程中的一个法定程序，它的重要性体现在以下几个方面。

（1）确认公司成立：召开成立大会，意味着步入公司设立的最后阶段，通过大会的决议正式确认公司成立。

（2）选举董事会和监事会成员：成立大会上，股东们将选举产生第一届董事会和监事会成员。这是公司治理结构形成的基础。

（3）审议并通过公司章程：公司章程是公司运作的最高准则，成立大会需要审议并最终通过公司章程，为公司的日常运营和管理提供依据。

（4）决定其他重要事项：如确定公司的经营范围、注册资本、股份分配等关键事项，这些都是公司未来发展的基石。

2. 成立大会的召开

成立大会的召开有其严格的程序和要求，主要有以下几方面。

（1）时间通知：募集设立股份有限公司的发起人应当自公司设立时应发行股份的股款缴足之日起三十日内召开公司成立大会。发起人应当在成立大会召开十五日前将会议日期通知各认股人或者予以公告，确保所有股东有足够的时间准备。

（2）出席要求：成立大会应有代表股份总数过半数的发起人、认股人出席方可举行，这体现了股东权益受到充分保障。

（3）议案审议：大会的主要议程包括审议通过公司章程、选举董事会和监事会成员、审议公司设立过程中的财务报告等。

（4）决议形成：成立大会所作的各项决议需通过投票表决形成，通常遵循"一股一票"的原则，确保决策的公正性和民主性。

3. 成立大会的影响

成立大会不仅完成了公司从无到有的转变，更为公司未来的发展奠定了坚实的基础。

（1）确立治理结构：选举产生的董事会和监事会将成为公司日常管理与监督的核心，对于维护股东权益、实现公司长远目标至关重要。

（2）初建公司文化：成立大会通过的公司章程、经营方针等构成了公司文化的初步框架，将影响员工的价值观和行为准则。

（3）建立信任与合作：通过共同参与成立大会，股东建立起初步的信任关系，为日后的合作打下良好基础。

召开成立大会是股份有限公司发展史上的重要里程碑，它不仅标志着股份有限公司正式成立，更是展示公司治理水平、凝聚股东共识的关键时刻。对于参与其中的每一个股东而言，成立大会既是其行使权利的舞台，也意味着股东开始承担责任。通过这一过程，股份有限公司将以更加成熟、规范的姿态走向充满挑战与机遇的未来。

【相关法条】

《中华人民共和国公司法》第一百零三条　募集设立股份有限公司的发起人应当自公司设立时应发行股份的股款缴足之日起三十日内召开公司成立大会。发起人应当在成立大会召开十五日前将会议日期通知各认股人或者予以公告。成立大会应当有持有表决权过半数的认股人出席，方可举行。

以发起设立方式设立股份有限公司成立大会的召开和表决程序由公司章程或者发起人协议规定。

第一百零四条　公司成立大会行使下列职权：

（一）审议发起人关于公司筹办情况的报告；

（二）通过公司章程；

（三）选举董事、监事；

（四）对公司的设立费用进行审核；

（五）对发起人非货币财产出资的作价进行审核；

（六）发生不可抗力或者经营条件发生重大变化直接影响公司设立的，可以作出不设立公司的决议。

成立大会对前款所列事项作出决议，应当经出席会议的认股人所持表决权过半数通过。

4.5 股东会的召集、主持及议事规则

在市场经济的洪流中，股份有限公司作为现代企业制度的重要组成部分，其内部治理结构完善与否直接关系到公司的运营效率和市场竞争力。其中，股东会作为公司权力机构，其召集、主持及议事规则的规范性尤为重要。

一、股东会的召集：主体、程序与条件

股份有限公司股东会的召集主要涉及以下方面。

1. 召集主体

股东会由董事会负责召集，这是基于董事会作为公司日常经营管理机构的角色定位，其应当定期向股东报告公司的经营状况，并根据需要召集股东会以作出公司的重大决策。

2. 召集程序

（1）常规召集：董事会应当每年至少召开一次股东年会。

（2）特殊召集：当出现下列情况之一时，董事会应当在两个月内召集临时股东会：①单独或者合计持有公司百分之十以上股份的股东请求；②董事会认为必要；③监事会提议召开；④公司未弥补的亏损达实收股本总额三分之一。

（3）通知期限与内容：召开股东会会议，应当于会议召开二十日前通

知全体股东，并在通知中载明会议日期、地点和审议事项等内容。但公司章程另有规定或者全体股东另有约定的除外。

除此之外，若董事会未能履行其召集股东会会议的职责，监事会应承担起及时召集并主持会议的责任。若监事会亦未履行此职达连续九十日以上，那么，单独或合计持有公司百分之十以上股份的股东有权自行召集并主持股东会会议。

二、股东会的主持职责与流程

1. 主持职责

股东会由董事会召集，董事长为主持人；董事长不能履行职务或者不履行职务的，由副董事长主持；副董事长不能履行职务或者不履行职务的，由半数以上董事共同推举一名董事主持。

2. 主持流程

（1）确定议程：主持人应确保会议议程符合召集通知中的内容，不得随意增减议题。

（2）维持秩序：主持人有责任维持会议秩序，确保每位股东有机会发言，同时保证会议高效进行。

（3）记录决议：主持人须监督会议记录员准确记录会议的过程和决议结果，确保所有股东的意愿得到体现。

三、议事程序与表决方式

1. 议事程序

（1）确认出席：会议开始前，应核对出席股东会的股东的身份及其所代表的股份数量。

（2）审议议案：按照事先确定的议程，逐一审议各项议案，允许股东提问和讨论。

（3）形成决议：根据表决结果形成股东会决议，决议须载明表决情况和最终结果。

2. 表决方式

（1）普通决议：除特别决议外，股东会作出决议，必须经代表过半数表决权的股东通过。

（2）特别决议：对于修改公司章程，增加或者减少注册资本，公司合并、分立、解散或者变更公司形式等重大事项，必须经代表三分之二以上表决权的股东通过。

四、股东提案权与异议权

1. 提案权

单独或者合计持有公司百分之三以上股份的股东，有权在股东大会召开十日前提出临时提案并书面提交董事会。董事会应当在收到其提案后两日内通知其他股东，并将该临时提案提交股东会审议。

2. 异议权

股东有权对股东会决议提出异议，认为决议违反法律、行政法规或者公司章程，损害其利益的，可以自决议作出之日起六十日内，请求人民法院撤销。

《公司法》对股份有限公司股东会的召集、主持与议事规则进行了详细规定，旨在建立公平、透明、高效的公司治理机制，保障所有股东的合法权益。公司及相关各方应当严格遵守这些规则，确保股东会的运作合法、有效，促进公司长期稳定发展。

【相关法条】

《中华人民共和国公司法》第一百一十一条　股份有限公司股东会由全体股东组成。股东会是公司的权力机构，依照本法行使职权。

第一百一十三条　股东会应当每年召开一次年会。有下列情形之一的，应当在两个月内召开临时股东会会议：

（一）董事人数不足本法规定人数或者公司章程所定人数的三分之二时；

（二）公司未弥补的亏损达股本总额三分之一时；

（三）单独或者合计持有公司百分之十以上股份的股东请求时；

（四）董事会认为必要时；

（五）监事会提议召开时；

（六）公司章程规定的其他情形。

第一百一十四条　股东会会议由董事会召集，董事长主持；董事长不能履行职务或者不履行职务的，由副董事长主持；副董事长不能履行职务或者不履行职务的，由过半数的董事共同推举一名董事主持。

董事会不能履行或者不履行召集股东会会议职责的，监事会应当及时召集和主持；监事会不召集和主持的，连续九十日以上单独或者合计持有公司百分之十以上股份的股东可以自行召集和主持。

单独或者合计持有公司百分之十以上股份的股东请求召开临时股东会会议的，董事会、监事会应当在收到请求之日起十日内作出是否召开临时股东会会议的决定，并书面答复股东。

第一百一十五条　召开股东会会议，应当将会议召开的时间、地点和审议的事项于会议召开二十日前通知各股东；临时股东会会议应当于会议召开十五日前通知各股东。

单独或者合计持有公司百分之一以上股份的股东，可以在股东会会议召开十日前提出临时提案并书面提交董事会。临时提案应当有明确议题和具体决议事项。董事会应当在收到提案后二日内通知其他股东，并将该临时提案提交股东会审议；但临时提案违反法律、行政法规或者公司章程的规定，或者不属于股东会职权范围的除外。公司不得提高提出临时提案股东的持股比例。

公开发行股份的公司，应当以公告方式作出前两款规定的通知。

股东会不得对通知中未列明的事项作出决议。

第一百一十六条　股东出席股东会会议，所持每一股份有一表决权，类别股股东除外。公司持有的本公司股份没有表决权。

股东会作出决议，应当经出席会议的股东所持表决权过半数通过。

股东会作出修改公司章程、增加或者减少注册资本的决议，以及公司合并、分立、解散或者变更公司形式的决议，应当经出席会议的股东所持表决权的三分之二以上通过。

4.6 董事、监事选举的累积投票制

在现代企业治理结构中，股东的投票权是其参与公司决策、保护自身权益的重要途径。然而，在大股东持股比例较高的情况下，小股东的声音往往被忽视。累积投票制作为一种创新的投票机制，旨在解决这一问题，通过允许小股东集中投票力量，增强其在公司治理中的影响力。

1. 累积投票制的定义与运作

累积投票制允许小股东将其投票权集中地投给一个或少数几个候选人，而非均匀地分配给所有候选人。

假设一家公司有1000股，选举5名董事。如果大股东持有50%的股份，其余50%由众多小股东持有，平均每人持有少量股份。在传统投票制下，大股东几乎可以决定所有董事的人选。但在累积投票制下，小股东可以集中其投票权，支持自己认同的候选人。即使小股东无法完全控制董事会，也能确保至少有1名自己认同的代表进入董事会，为小股东发声。

2. 累积投票制的优势

（1）增强小股东影响力：累积投票制使得小股东能够集中资源，支持他们认为能最好地代表其利益的候选人，从而在公司治理层面获得更多的发言权。

（2）促进董事会多元化：由于小股东可以通过累积投票制支持多元化

的候选人，这有助于引入具有不同背景、经验和观点的董事，提高董事会决策的多样性和质量。

（3）提升公司治理的民主性：累积投票制鼓励更多股东参与公司治理，减少大股东的绝对控制，提升公司决策过程的民主性和透明度。

3. 累积投票制的挑战与限制

尽管累积投票制在理论上有诸多优势，但在实际操作中存在一些挑战。例如，这一制度可能导致董事会内部意见出现分歧，影响董事会的决策效率。此外，累积投票制的有效性在很大程度上取决于公司具体的股权结构和治理文化。

累积投票制作为一种旨在平衡大小股东利益的机制，通过增强小股东的影响力，可以促进公司治理的民主性和公平性。然而，其能否有效实施要考虑公司的具体情况和治理需求。未来，随着公司治理理念的不断进步，累积投票制有望在更多公司中得到推广和应用，进一步完善现代企业治理结构，保护所有股东的合法权益。

【相关法条】

《中华人民共和国公司法》第一百一十七条　股东会选举董事、监事，可以按照公司章程的规定或者股东会的决议，实行累积投票制。

本法所称累积投票制，是指股东会选举董事或者监事时，每一股份拥有与应选董事或者监事人数相同的表决权，股东拥有的表决权可以集中使用。

4.7 董事会和董事会会议

与有限责任公司类似，在股份有限公司的治理体系中，董事会是公司的执行机构和决策中心，负责制定公司的发展战略，管理公司的日常运营，监督高级管理人员的活动，并代表公司对外进行商务谈判和签署合同。董事会是由股东选举产生的董事组成，每位董事都负有对公司和全体股东的信托责任。

股份有限公司的董事会会议由董事长负责召集和主持。如果董事长因故不能履行职责，便由副董事长召集和主持；若副董事长也不能履行职责，则由半数以上的董事共同推举一名董事负责召集和主持会议。会议应当于召开十日前通知全体董事和监事，会议通知应当载明会议的时间、地点、议题和会议召集人的姓名或名称。

董事会会议的主持工作由董事长负责，其主要职责包括确保会议顺利进行、维护会议秩序、控制会议进程，确保所有议题都能充分讨论，并在必要时对会议进行引导，以达成共识或决议。在主持会议时，董事长应保持中立，尊重每一位董事的意见，确保所有董事都有平等的机会发表见解。

董事会会议的议事范围主要包括但不限于：决定公司的经营计划和投资方案；制订公司的利润分配方案和弥补亏损方案；制订公司增加或者减少注册资本以及发行公司债券的方案；制订公司的合并、分立、解散或者变更公司形式的方案；决定公司的内部管理机构设置；决定聘任或者解聘公司经理、财务负责人及其报酬事项；制定公司的基本管理制度；等等。

董事会决议的形成遵循多数原则，即过半数董事同意即可通过决议。对于特别重大的事项，如公司章程的修改，公司合并、分立、解散或变更公司形式等，要三分之二以上的董事同意才能通过。每个董事享有一票表决权，表决时采取记名投票的方式，确保表决的真实性和可追溯性。

董事会应当对所议事项的决定作成会议记录，记录内容包括会议召开的时间、地点、出席的董事名单、缺席的董事名单及缺席原因、会议议题、董事发言要点、表决结果等。出席会议的董事应当在会议记录上签名，以示对会议内容的认可。

董事在履行职责时，应遵守以下原则。

（1）勤勉尽责：董事应当勤勉尽责，忠实履行职责，不得滥用职权，损害公司或者股东的利益。

（2）遵守法律与章程：董事在执行职务时，必须遵守法律、行政法规和公司章程的规定。

（3）避免利益冲突：董事不得利用职务便利为自己或他人谋取属于公司的商业机会，不得自营或者为他人经营与所任职公司同类的业务。

（4）信息披露与保密：董事在履行职责时，应当及时、准确、完整地向董事会报告有关情况，同时要保守公司秘密，不得泄露公司的商业秘密。

（5）承担责任：董事违反法律、行政法规或者公司章程的规定，损害公司或者股东利益的，应当依法承担赔偿责任。

董事会作为股份有限公司的核心机构，只有规范运行才能确保公司治理健康和高效。董事们应当充分认识到自己的责任与义务，积极参与决策过程，确保董事会会议高效、公正、透明地进行，推动公司实现可持续发展。

【相关法条】

《中华人民共和国公司法》第一百二十二条　董事会设董事长一人，可以设副董事长。董事长和副董事长由董事会以全体董事的过半数选举产生。

董事长召集和主持董事会会议，检查董事会决议的实施情况。副董事长协助董事长工作，董事长不能履行职务或者不履行职务的，由副董事长履行职务；副董事长不能履行职务或者不履行职务的，由过半数的董事共同推举一名董事履行职务。

第一百二十三条　董事会每年度至少召开两次会议，每次会议应当于会议召开十日前通知全体董事和监事。

代表十分之一以上表决权的股东、三分之一以上董事或者监事会，可以提议召开临时董事会会议。董事长应当自接到提议后十日内，召集和主持董事会会议。

董事会召开临时会议，可以另定召集董事会的通知方式和通知时限。

第一百二十四条　董事会会议应当有过半数的董事出席方可举行。董事会作出决议，应当经全体董事的过半数通过。

董事会决议的表决，应当一人一票。

董事会应当对所议事项的决定作成会议记录，出席会议的董事应当在会议记录上签名。

4.8 对高管人员的限制性规定

在公司治理结构中，高管人员作为公司决策的核心力量，其行为直接关系公司的稳定发展和市场信誉。因此，《公司法》对高管人员设定了一系列限制性规定，以规范其行为，防止权力滥用。

高管人员通常包括公司的董事、监事及高级管理人员。董事负责公司的战略决策，监事负责监督董事和高级管理人员的行为，高级管理人员则负责公司的日常运营。

1. 任职资格与信用审查

（1）资格要求：高管人员须为完全民事行为能力人，具备行业相关的专业知识、丰富的管理经验及卓越的领导才能，以确保其能够胜任岗位，推动公司稳健发展。

（2）信用记录：良好的个人信用是成为高管的前提，任何重大违法违规记录都将构成任职障碍。

（3）法律限制：根据《公司法》及相关法规，曾有贪污、贿赂、侵占财产等重大犯罪等不良历史者，禁止担任高管职务，以防范潜在风险。

2. 忠实与勤勉义务

（1）忠实义务：高管人员应将公司利益置于个人利益之上，严禁利用职务便利谋求私利，确保决策与行动始终围绕公司与股东的最佳利益展开。

（2）勤勉义务：高管需展现高度的职业精神与责任感，对工作投入足够的精力与智慧，避免因疏忽或怠惰导致公司受损。

3. 利益冲突的规避

（1）自我交易禁令：高管人员不得参与任何可能与公司利益产生冲突的交易活动，确保个人行为不会损害公司或股东权益。

（2）关联交易透明化：在处理涉及关联方的交易时，高管人员必须遵循公平、公正的原则，确保交易过程与结果的透明度，防止利益输送。

4. 信息披露的完整与真实

高管人员有义务确保公司对外披露的信息真实无误、全面详尽，避免任何形式的虚假陈述或重大遗漏，维护公司诚信。

5. 权力滥用的禁止

（1）资金挪用与资产侵占：严禁擅自挪用公司资金或侵占公司财产，确保公司资产安全。

（2）内幕交易禁令：高管人员必须恪守信息保密原则，避免不当获利。如利用未公开信息进行交易，被视为严重违规。

6. 法律责任的追究

（1）民事责任：违反《公司法》相关规定，导致公司或股东遭受损失的，高管人员应承担相应的赔偿责任。

（2）行政责任：违规行为可能招致监管部门的行政处罚，包括但不限于罚款、市场禁入等措施。

（3）刑事责任：对于严重违法行为，如职务侵占、挪用资金等，高管人员将面临刑事追责。

综上所述，《公司法》对高管人员的限制性规定构成了公司治理体系中不可或缺的一环。严格的任职门槛，明确的义务框架与法律责任，这些规定旨在塑造既充满活力又高度自律的高管团队，确保公司在追求商业成功的同时，坚守法律与伦理底线，实现可持续发展。

【相关法条】

《中华人民共和国公司法》第二百六十五条　本法下列用语的含义：

（一）高级管理人员，是指公司的经理、副经理、财务负责人，上市公司董事会秘书和公司章程规定的其他人员。

…………

第一百七十八条　有下列情形之一的，不得担任公司的董事、监事、高级管理人员：

（一）无民事行为能力或者限制民事行为能力；

（二）因贪污、贿赂、侵占财产、挪用财产或者破坏社会主义市场经济秩序，被判处刑罚，或者因犯罪被剥夺政治权利，执行期满未逾五年，被宣告缓刑的，自缓刑考验期满之日起未逾二年；

（三）担任破产清算的公司、企业的董事或者厂长、经理，对该公司、企业的破产负有个人责任的，自该公司、企业破产清算完结之日起未逾三年；

（四）担任因违法被吊销营业执照、责令关闭的公司、企业的法定代表人，并负有个人责任的，自该公司、企业被吊销营业执照、责令关闭之日起未逾三年；

（五）个人因所负数额较大债务到期未清偿被人民法院列为失信被执行人。

违反前款规定选举、委派董事、监事或者聘任高级管理人员的，该选举、委派或者聘任无效。

董事、监事、高级管理人员在任职期间出现本条第一款所列情形的，公司应当解除其职务。

第一百八十一条　董事、监事、高级管理人员不得有下列行为：

（一）侵占公司财产、挪用公司资金；

（二）将公司资金以其个人名义或者以其他个人名义开立账户存储；

（三）利用职权贿赂或者收受其他非法收入；

（四）接受他人与公司交易的佣金归为己有；

（五）擅自披露公司秘密；

（六）违反对公司忠实义务的其他行为。

4.9 对上市公司组织机构的特殊规定

上市公司作为资本市场的重要组成部分，《公司法》对其组织机构和运作规范作出特别规定，以确保上市公司的公司治理具有透明性，保护投资者的合法权益。以下是一些不同于股份有限公司的关于上市公司的特殊规定。

1. 股东会特别决议事项

上市公司在一年内购买或出售重大资产或担保金额超过公司资产总额百分之三十时，需由股东会作出决议，并须经出席会议的股东所持表决权的三分之二以上通过 。

2. 独立董事制度

上市公司应设立独立董事，独立董事应具备独立性，且不得在上市公司或其主要股东单位任职，以保证其独立、客观的判断。独立董事的主要职责是对控股股东及其选任的董事、高级管理人员进行监督，并对关联交易等重大事项发表独立意见 。独立董事的主要职责包括以下几点。

（1）对公司管理层的决策进行监督，确保决策过程公正。

（2）对公司的重大交易、关联交易等事项发表独立意见，保护中小股东的利益。

（3）促进公司完善治理结构，提高公司的治理水平。

3. 董事会秘书职位

上市公司应设立董事会秘书，负责公司股东会和董事会会议的筹备、文件保管以及公司股权管理，办理信息披露事务等事宜。董事会秘书是公司的高级管理人员，承担相应的法律责任和义务。

4. 关联关系董事表决权排除制度

上市公司董事与董事会会议决议事项所涉及的企业存在关联关系的，该董事不得对该项决议行使表决权，也不得代其他董事行使表决权。相关董事会会议的决议须经无关联关系董事过半数通过。

5. 信息披露要求

上市公司及其信息披露义务人应依法及时、真实、准确、完整地披露信息，不得有虚假记载、误导性陈述或重大遗漏。信息披露应同时向所有投资者公开，不得提前泄露。

6. 控股股东及实际控制人行为规范

控股股东和实际控制人对上市公司负有诚信义务，不得利用控制权损害上市公司及其他股东的合法权益。控股股东提名董事、监事候选人应遵循法律法规和公司章程规定的条件及程序。

7. 公司治理结构

上市公司治理应健全、有效、透明，强化内外部的监督和制衡，保障股东的合法权利，并尊重利益相关者的基本权益。

8. 独立性要求

上市公司应保证人员、资产、财务与控股股东分开，机构、业务独立，各自独立核算、承担责任和风险。

9. 利润分配

上市公司应在公司章程中明确利润分配办法，特别是现金分红政策，并披露其制定及执行情况；若具备条件而不进行现金分红，应充分披露原因。

10. 股权激励和员工持股

上市公司可实施股权激励和员工持股等激励机制，但不得损害公司及股东的合法权益。

11. 股东权利保护

最新修订后的《公司法》加强了股东权利的保护，包括知情权，明确了股东有权查阅公司会计账簿、会计凭证等，并新增了股东对全资子公司相关资料的查阅、复制权。

以上这些规定共同构成了上市公司组织机构的法律框架，旨在提升公司治理水平，保护投资者权益，并促进资本市场稳定、健康发展。上市公司必须遵守这些规定，确保运作的合规性。

【相关法条】

《中华人民共和国公司法》第一百三十四条　本法所称上市公司，是指其股票在证券交易所上市交易的股份有限公司。

第一百三十五条　上市公司在一年内购买、出售重大资产或者向他人提供担保的金额超过公司资产总额百分之三十的，应当由股东会作出决议，并经出席会议的股东所持表决权的三分之二以上通过。

第一百三十六条　上市公司设独立董事，具体管理办法由国务院证券监督管理机构规定。

…………

第一百三十八条　上市公司设董事会秘书，负责公司股东会和董事会会议的筹备、文件保管以及公司股东资料的管理，办理信息披露事务等事宜。

第一百四十条　上市公司应当依法披露股东、实际控制人的信息，相关信息应当真实、准确、完整。

禁止违反法律、行政法规的规定代持上市公司股票。

4.10 公司权益受损时的股东救济

在公司运营过程中，可能会因管理层决策失误、不当行为或其他股东的侵权行为导致公司权益受损。股东作为投资者，有权采取法律行动以寻求救济。

1. 股东权益受损的常见情形

（1）管理层不当行为：包括滥用职权、利益输送等。

"辉山乳业事件"堪称中国乳业乃至资本市场的一次大地震，其影响深远，教训深刻。2017年，辉山乳业这家曾以全产业链布局和高品质奶源闻名的中国乳制品巨头，突然间成为舆论风暴的中心。该事件始于一份由美国做空机构浑水公司（Muddy Waters Research）发布的研究报告，该报告直指辉山乳业涉嫌财务造假，包括夸大牧场资本支出、虚增销售收入和利润，以及隐瞒巨额债务等问题。

随着调查的深入，辉山乳业的财务黑洞逐渐呈现在人们眼前。监管机构发现，该公司的管理层长期以来通过虚构交易、伪造财务报表等方式，向市场和投资者营造出一派虚假繁荣的景象，掩盖了公司经营困境和财务危机。这些行为不仅严重违反了会计准则和市场监管规定，也破坏了资本市场的公平与正义。

（2）控股股东或实际控制人侵权：通过不公允交易损害公司利益。

2018 年，中国资本市场中一起涉及控股股东不当关联交易的典型案例是凯迪生态环境科技股份有限公司（以下简称凯迪生态）的控股股东阳光凯迪新能源集团有限公司（以下简称阳光凯迪）的违规行为。凯迪生态是一家以生物质发电为主营业务的上市公司。事件的核心在于阳光凯迪作为凯迪生态的大股东，被指控通过复杂的关联交易，将上市公司凯迪生态的资金转移至关联方，用于非上市公司自身的业务或个人投资，从而严重损害了凯迪生态及广大中小股东的合法权益。这一行为不仅违反了《公司法》和《证券法》的相关规定，也违背了上市公司治理的基本原则。

（3）外部第三方侵权：如商业欺诈、知识产权侵权等。

2020 年，中国制药企业百济神州遭遇了其自主研发的抗癌药物"泽布替尼"被非法仿制的知识产权侵权案件。泽布替尼是一种 BTK 抑制剂，用于治疗多种淋巴瘤，是百济神州的重要创新成果之一。

在该侵权事件中，另一家中国制药企业未经许可，对泽布替尼进行了仿制并试图推向市场，这一行为直接侵犯了百济神州的专利权，导致原研药的市场份额受到威胁，公司经济利益受损。面对侵权行为，百济神州采取了积极的法律行动，通过提起专利侵权诉讼，最终在法院的支持下获得了胜诉判决，成功地维护了自己的知识产权和市场权益。

2. 股东救济的主要方式

（1）直接诉讼：股东直接向法院提起诉讼，要求公司的管理层或第三方对因其不当行为导致的个人损失进行赔偿。

光大证券"乌龙指"事件（2013年）：光大证券因交易系统异常导致光大证券自营账户大量买入股票，引发市场波动。投资者因信任光大证券而遭受损失，随后对光大证券提起了直接诉讼，要求赔偿。

（2）派生诉讼：当公司拒绝、怠于或无法追究侵权行为人的责任时，股东可代表公司向侵权人提起诉讼，追回公司的损失。

紫金矿业污染事件（2010年）：紫金矿业因污染问题被曝光，股价大跌。股东认为公司管理层未能妥善处理环境风险，导致股东利益受损，提起派生诉讼要求追究公司管理层的责任。

（3）股东会提案：股东可通过提案方式在股东会上寻求对管理层的问责或要求采取特定行动。

万科股权之争（2015-2016年）：万科企业股份有限公司的部分股东通过股东会提案，要求管理层对公司的治理结构和股权安排进行说明和调整。

（4）请求法院解散公司：当公司权益严重受损且无法通过其他方式解决时，股东可请求法院解散公司。

上海家化重组案（2013年）：上海家化联合股份有限公司内部矛盾和管理层冲突，导致公司运营受阻。部分股东向法院提起解散公司的请求。

（5）请求法院指定接管人：在公司管理层严重失职时，股东可请求法院指定接管人以保护公司和股东的利益。

　　中信国安集团债务危机（2019 年）：中信国安集团因债务危机面临破产重组。股东担心公司资产被不当处理，向法院申请指定接管人，以确保公司资产得到合理处置。

　　股东救济是维护公司和个人权益的重要机制。面对权益受损，股东应积极了解并行使自己的法律权利，通过合适的救济途径寻求公正解决。

【相关法条】

《中华人民共和国公司法》第一百八十八条　董事、监事、高级管理人员执行职务违反法律、行政法规或者公司章程的规定，给公司造成损失的，应当承担赔偿责任。

　　第一百八十九条　董事、高级管理人员有前条规定的情形的，有限责任公司的股东、股份有限公司连续一百八十日以上单独或者合计持有公司百分之一以上股份的股东，可以书面请求监事会向人民法院提起诉讼；监事有前条规定的情形的，前述股东可以书面请求董事会向人民法院提起诉讼。

　　监事会或者董事会收到前款规定的股东书面请求后拒绝提起诉讼，或者自收到请求之日起三十日内未提起诉讼，或者情况紧急、不立即提起诉讼将会使公司利益受到难以弥补的损害的，前款规定的股东有权为公司利益以自己的名义直接向人民法院提起诉讼。

　　他人侵犯公司合法权益，给公司造成损失的，本条第一款规定的股东可以依照前两款的规定向人民法院提起诉讼。

　　公司全资子公司的董事、监事、高级管理人员有前条规定情形，或者他人侵犯公司全资子公司合法权益造成损失的，有限责任公司的股东、股份有限公司连续一百八十日以上单独或者合计持有公司百分之一以上股份的股东，可以依照前三款规定书面请求全资子公司的监事会、董事会向人民法院提起诉讼或者以自己的名义直接向人民法院提起诉讼。

第 5 章

股份有限公司的股票、债券的发行和转让

5.1 股票及股票形式

股票市场是现代经济体系中最为活跃和重要的组成部分之一。发行股票不仅是公司筹集资金的方式，也是投资者实现资产增值的途径。股票是一种证券，代表了股东对公司的所有权和收益权。股东通过购买股票成为公司的所有者之一，享有公司的利润分配、参与公司决策等权利。

简单来说，股票就是对公司一部分所有权或股权的证明。想象一下，你和几个朋友一起开了一家咖啡店，每个人出资一部分，那么每个人都拥有这家咖啡店的一部分份额。在现实世界中，大公司也会这么做，但规模要大得多。大公司通过发行股票来筹集资金，每一股就代表对公司的一部分所有权。

你购买了某家公司的股票后，就成为这家公司的股东。作为股东，你有权分享公司的利润，这部分利润通常以分红的形式发放。同时，你也有权参与公司的重大决策，比如选举董事会成员，但通常只有大量持股的大股东才会有较大影响力。

股票的价格会波动，这取决于很多因素，比如公司的业绩、市场情绪、经济环境等。如果公司表现良好，股票价格上涨，股东的投资就会增值；反之，如果公司遇到困难，股票价格下跌，股东的投资可能会缩水。这就是为什么投资股票既有潜在的高回报也伴随着风险。

总的来说，股票是一种投资工具，它让人们有机会分享公司成长的果实，但也需要承担相应的风险。

1. 股票的类型

（1）普通股：普通股是最普遍的股票形式，股东享有投票权和获得公司剩余利润分配的权利。普通股股东的收益与公司业绩直接相关，风险相对较高。

（2）优先股：优先股通常不具备投票权，但在股利分配和公司清算时享有优先权。相较于普通股，优先股的风险较低，但与之相应的收益通常也较低。

2. 股票形式的多样性

（1）记名股票：记名股票上记载股东的姓名，转让时需要办理过户手续。这种股票形式有助于公司管理和维护股东名册。

（2）无记名股票：无记名股票不记载股东的姓名，持有人即股东。转让时只需交付股票即可，流通性较强。

（3）有面额股票：有面额股票在票面上标明金额，通常与公司的注册资本挂钩。

（4）无面额股票：无面额股票不在票面上标明金额，其价值取决于公司的净资产和市场估值。

3. 股票的交易与流通

股票在证券交易所上市交易，投资者可以在交易时间内买卖股票。股票的流通性是评估其投资价值的重要因素之一。

4. 股票对公司的意义

（1）资本筹集：发行股票是公司筹集资金的重要手段，有助于公司扩张和研发投入。

（2）股东结构多元化：通过发行股票，公司可以吸引不同背景的投资者，形成多元化的股东结构。

（3）提高公司知名度：上市公司的股票交易会提高市场知名度，有助于提升公司品牌形象。

股票作为资本市场的核心工具，对公司和投资者都具有重要意义。了解不同股票形式的特点，有助于投资者根据自身的风险偏好和投资目标作出合适的选择。同时，公司也应根据自身发展战略和资金需求，选择适合的股票发行形式。

【相关法条】

《中华人民共和国公司法》第一百四十二条　公司的资本划分为股份。公司的全部股份，根据公司章程的规定择一采用面额股或者无面额股。采用面额股的，每一股的金额相等。

公司可以根据公司章程的规定将已发行的面额股全部转换为无面额股或者将无面额股全部转换为面额股。

采用无面额股的，应当将发行股份所得股款的二分之一以上计入注册资本。

第一百四十四条　公司可以按照公司章程的规定发行下列与普通股权利不同的类别股：

（一）优先或者劣后分配利润或者剩余财产的股份；

（二）每一股的表决权数多于或者少于普通股的股份；

（三）转让须经公司同意等转让受限的股份；

（四）国务院规定的其他类别股。

公开发行股份的公司不得发行前款第二项、第三项规定的类别股；公开发行前已发行的除外。

　　第一百四十七条　公司的股份采取股票的形式。股票是公司签发的证明股东所持股份的凭证。

　　公司发行的股票，应当为记名股票。

5.2 发行新股的条件和程序

新股发行不仅是公司融资的一种方式，也是公司扩大生产规模、优化财务结构、提升市场竞争力的重要策略。了解发行新股的条件和程序对于确保发行过程的合规性和成功至关重要。

1. 发行新股的前提条件

（1）公司资质：公司必须为依法设立且合法存续的股份有限公司。

（2）盈利能力：公司需具备持续经营能力和盈利能力。

（3）财务状况：公司财务状况良好，无重大财务问题。

（4）合规记录：公司及其主要股东、董事、监事、高级管理人员近三年内无重大违法违规记录。

（5）股东会决议：发行新股需经股东会特别决议通过。

2. 发行新股的程序

（1）内部决策：公司董事会提出发行新股的方案，并提交股东会审议。

（2）制订方案：明确发行规模、价格、对象、时间等关键要素。

（3）监管审批：向证券监督管理机构提交发行申请，包括招股说明书等文件。

（4）信息披露：根据监管要求，公开披露发行信息，确保投资者充分了解。

（5）市场推介：通过路演等方式向潜在投资者推介公司和新股发行。

（6）发行实施：在获得监管机构批准后，按照既定方案发行新股。

（7）股份登记：发行完成后，将新股东信息登记至公司股东名册。

（8）上市交易：新股发行后，根据交易所规则安排上市交易。

3. 发行新股的监管要求

（1）招股说明书：详细披露公司的业务、财务、管理层等关键信息。

（2）财务审计：发行前需进行财务审计，确保披露信息的真实性和准确性。

（3）风险提示：充分揭示投资风险，保障投资者的知情权。

（4）公平原则：确保发行过程公平，防止内幕交易和市场操纵。

　　绿色能源公司是一家专门从事可再生能源技术开发的上市公司。随着全球对清洁能源需求的增加，公司计划扩大太阳能板的生产能力，需要融资和发行新股。绿色能源公司按照下述流程实施相关步骤。

（1）董事会决议：公司董事会在会议上提出发行新股，以筹集资金用于建设新生产线的提案。董事会认为这是公司发展的好机会，并决定将提案提交给股东会。

（2）股东会批准：在股东会上，董事会向股东们展示了详细的商业计划和资金使用方案。股东们经过讨论，以超过法定比例的投票通过了发行新股的决议。

（3）制订发行方案：公司聘请了专业的财务顾问和法律顾问，制订了新股发行的具体方案。

（4）监管机构审批：公司向证券监督管理机构提交了发行新股的申请，包括招股说明书、财务报表、法律意见书等必要文件。监管机构对申请进行了审查，并在确认公司符合所有法律和监管要求后批准了发行申请。

（5）信息披露：公司通过各种渠道，包括公司网站、证券交易所公告和媒体发布，向公众披露了新股发行的详细信息，确保所有潜在投资者都能获得公平的信息。

（6）市场推介：为了吸引投资者，公司举办了一系列路演活动，向机构投资者和分析师介绍公司未来的发展前景和投资价值。

（7）新股定价：根据市场情况和投资者反馈，公司与承销商确定了新股的发行价格。考虑到市场的接受度和公司的估值，将股票价格定为每股30元。

（8）新股发行：公司正式启动了新股发行。投资者通过承销商提交了认购申请，并在规定的时间内支付了认购款项。

（9）股份登记：发行结束，公司将新股东的信息登记到股东名册中，并向其发放了股票证书。

（10）上市交易：新股发行完成后，新发行的股票在证券交易所上市交易，股东们可以根据市场情况自由买卖这些股票。

通过上述例子，我们可以看到发行新股是一个涉及多个步骤和多方参与的复杂过程，需要严格遵守法律法规，同时还要考虑市场条件和投资者的需求。

新股发行是公司发展过程中的一个重要里程碑。只有严格遵守发行条件和程序，同时充分考虑市场环境和投资者需求，公司才能成功发行新股，实现资本扩张和长期发展。

【相关法条】

《中华人民共和国公司法》第一百五十一条　公司发行新股，股东会应当对下列事项作出决议：

（一）新股种类及数额；

（二）新股发行价格；

（三）新股发行的起止日期；

（四）向原有股东发行新股的种类及数额；

（五）发行无面额股的，新股发行所得股款计入注册资本的金额。

公司发行新股，可以根据公司经营情况和财务状况，确定其作价方案。

第一百五十四条　公司向社会公开募集股份，应当经国务院证券监督管理机构注册，公告招股说明书。

招股说明书应当附有公司章程，并载明下列事项：

（一）发行的股份总数；

（二）面额股的票面金额和发行价格或者无面额股的发行价格；

（三）募集资金的用途；

（四）认股人的权利和义务；

（五）股份种类及其权利和义务；

（六）本次募股的起止日期及逾期未募足时认股人可以撤回所认股份的说明。

公司设立时发行股份的，还应当载明发起人认购的股份数。

第一百五十五条　公司向社会公开募集股份，应当由依法设立的证券公司承销，签订承销协议。

5.3 对股份转让的限制

上市公司股份的流动性是资本市场活跃度的重要指标，但需要通过法律框架对股份转让过程中可能出现的不公平交易行为进行规范。

我国的《证券法》《公司法》等法律都对股份的转让做了一定的限制。

1.锁定期限制

上市公司在首次公开发行股票（IPO）后，其控股股东、实际控制人及其关联方在一定期限内（通常为 1 年或 3 年）不得转让其持有的股份。这一规定旨在减少市场冲击和保护投资者利益。

2.大股东减持规定

持股 5% 以上的股东在减持股份时，必须遵守减持规则。例如，通过集中竞价交易方式减持的，在任意连续 90 日内减持股份总数不得超过公司总股本的 1%。

3.短线交易限制

上市公司的"董监高"（董事、监事、高级管理人员）及其他内幕信息知情人员，在知悉内幕信息后 6 个月内不得买卖公司的股份。此外，董监高在任职期间每年转让的股份不得超过其所持股份总数的 25%。

4.信息披露义务

股东在股份转让中达到一定比例（如 5%、10%、15% 等关键点）时，必须及时向监管机构报告并公告，确保市场的透明度。此外，股东减持股份前需公告减持计划，并在减持后公告减持结果。

5. 关联交易限制

关联交易必须遵循公平、公正、公开的原则。上市公司与关联方之间的股份转让需提交董事会或股东会审议，且关联方需回避表决。关联交易的价格需公允，不得损害公司及其他股东的利益。

6. 收购行为限制

在上市公司收购中，收购人持有的被收购的上市公司的股份在收购完成后 12 个月内不得转让。此外，收购人通过要约收购的方式增持股份的，要约价格不得低于要约收购提示性公告日前 30 个交易日内的最高收购价。

我国法律有此限制是为了以下几方面。

（1）防止内幕交易：通过限制知情人员的股份交易，减少内幕信息被滥用的风险。

（2）维护市场秩序：确保所有市场参与者在公平的环境下进行交易。

（3）保护投资者利益：避免大股东利用信息优势损害小股东的利益。

（4）促进公司治理：鼓励管理层关注长期发展而非短期股价波动。

上市公司股份转让的限制是资本市场健康发展的基石。这些规定不仅可以保护投资者的合法权益，也能维护市场的公正性和效率。

【相关法条】

《中华人民共和国公司法》第一百六十条　公司公开发行股份前已发行的股份，自公司股票在证券交易所上市交易之日起一年内不得转让。法律、行政法规或者国务院证券监督管理机构对上市公司的股东、实际控制人转让其所持有的本公司股份另有规定的，从其规定。

公司董事、监事、高级管理人员应当向公司申报所持有的本公司的股份及其变动情况，在就任时确定的任职期间每年转让的股份不得超过其所持有本公司股份总数的百分之二十五；所持本公司股份自公司股票上市交易之日起一年内不得转让。上述人员离职后半年内，不得转让其所持有的本公司股份。公司章程可以对公司董事、监事、高级管理人员转让其所持有的本公司股份作出其他限制性规定。

股份在法律、行政法规规定的限制转让期限内出质的，质权人不得在限制转让期限内行使质权。

5.4 上市公司的信息公开制度和股票交易

上市公司的信息公开制度是资本市场的基石，它通过确保上市公司关键信息及时、准确和全面披露，为所有投资者提供了平等获取信息的机会，从而增强市场透明度，减少信息不对称，保障投资者能够基于完整信息作出明智的投资决策。这个制度有助于提高市场效率，维护投资者的信心，防止市场操纵和内幕交易，促进资本市场稳定和健康发展。

1. 信息公开的基本原则

（1）真实性原则：信息必须真实可靠，不得有虚假记载。

（2）准确性原则：信息表达应准确无误，避免误导。

（3）完整性原则：披露的信息应全面，不得有重大遗漏。

（4）及时性原则：信息应及时公开，以反映公司的最新状况。

2. 信息公开的内容

（1）定期报告：包括年度报告、半年度报告和季度报告。

（2）临时报告：涉及公司重大事件，如重大资产重组、重大投资决策等。

（3）持续信息公开：包括公司治理、股东会决议、分红派息等。

3. 信息公开的程序

（1）内部审议：公司内部对信息公开内容进行审议和批准。

（2）编制报告：按照规定格式编制信息披露文件。

（3）提交监管机构：向证监会和证券交易所提交信息披露文件。

（4）公告发布：通过指定媒体和公司网站向公众发布信息。

而作为投资者的股民则会通过查看上市公司公开的信息来预测自己的投资（购买的股票）收益如何，从而决定是继续持有还是进行抛售。

股票交易是指投资者在证券交易所或场外市场买卖股票的行为。它是投资者实现资本增值、分散风险和获取收益的重要手段。

股票交易的流程如下。

1.投资者开户

（1）选择证券公司：投资者根据自己的需求和偏好，选择一家提供股票交易服务的证券公司。

（2）提交材料：向证券公司提交个人身份信息、银行账户信息及相关证明材料。

（3）风险告知：投资者需签署风险告知书，确认了解股票交易的风险。

2.资金与证券账户

（1）证券账户：用于记录投资者持有的股票种类和数量。

（2）资金账户：与证券账户关联，用于交易资金的存放和划转。

3.了解交易规则

（1）交易时间：了解交易所的开盘和收盘时间，以及任何特殊的交易时段。

（2）交易单位：股票交易通常以"手"为单位，1手等于100股。

4. 下达交易委托

（1）委托类型：包括市价委托和限价委托。市价委托按当前市场价格成交，限价委托需按指定价格或更好价格成交。

（2）委托操作：通过证券公司提供的交易平台下达买卖指令。

5. 订单匹配与成交

（1）交易系统：交易所的交易系统根据价格和时间优先原则自动匹配买卖订单。

（2）成交通知：一旦订单成交，投资者将收到成交确认通知。

6. 交易清算

（1）资金清算：根据成交结果，投资者的资金账户将进行相应的资金增减。

（2）证券清算：股票从卖方账户转移到买方账户。

7. 交割流程

（1）交割日：通常为交易日的次日，即 T+1 交割制度。

（2）交割结果：投资者可以在交割后查看更新后的证券和资金状态。

熟悉股票交易流程是投资者参与股市的基础，了解每个步骤的细节对于投资者至关重要。通过合理管理交易过程和风险，投资者可以更加自信地在股票市场中航行。

【相关法条】

《中华人民共和国公司法》第一百四十条 上市公司应当依法披露股东、实际控制人的信息，相关信息应当真实、准确、完整。

禁止违反法律、行政法规的规定代持上市公司股票。

5.5 公司债券及其公开发行的条件

　　公司债券是企业通过资本市场进行直接融资的重要方式，它不仅为企业提供了资金来源，也为投资者提供了多样化的投资选择。

　　公司债券是由企业发行的，承诺在一定期限内向债券持有人支付利息并到期偿还本金的有价证券。

1. 公司债券的分类

　　（1）按期限分为短期债券（偿还期限在 1 年以内）、中期债券（偿还期限在 1 年以上 5 年以内）、长期债券（偿还期限在 5 年以上）。

　　（2）按是否可转换为股票分为可转换债券和不可转换债券。

2. 公司债券的特点

　　（1）固定收益：投资者按照约定的利率获得定期的利息收入。

　　（2）风险性：相较于股票，公司债券风险较低，但依然存在违约风险。

　　（3）流动性：公司债券通常在证券交易所上市，具有一定的流动性。

3. 公开发行公司债券的条件

　　（1）发行主体资格：发行人应为依法设立的股份有限公司、有限责任公司或其他企业法人。

　　（2）财务要求：发行人应具备良好的财务状况，满足连续营利、资产负债率符合条件等财务指标要求。

（3）信用评级：通常需要进行信用评级，达到投资级以上的信用等级。

（4）募集资金用途：发行债券应有明确、合法的用途，如项目建设、补充流动资金等。

（5）信息披露要求：发行人需按照规定披露与债券发行相关的全部信息，包括但不限于财务报告、募集说明书等。

（6）法律合规性：发行人最近 3 年内无重大违法违规行为。

4. 公开发行的详细流程

（1）内部决策：发行人董事会和股东会需批准债券发行方案。

（2）申请文件准备：编制债券募集说明书、财务报告等发行申请文件。

（3）监管机构审批：向中国证监会提交发行申请，获得发行批准。

（4）发行与销售：通过承销商进行债券的公开发行与销售，包括定价、路演等活动。

（5）上市交易：债券发行完成后，在证券交易所上市交易，投资者可以进行买卖。

（6）持续信息披露：发行人需在债券存续期间持续披露定期报告和重大事件。

公开发行债券为公司提供了一种低成本融资途径，同时也为投资者提供了一种相对稳定的投资工具。了解公司债券的发行条件和流程，对于发行人合规融资和投资者作出明智投资决策具有重要意义。

【相关法条】

《中华人民共和国公司法》第一百九十四条　本法所称公司债券，是指公司发行的约定按期还本付息的有价证券。

公司债券可以公开发行，也可以非公开发行。

公司债券的发行和交易应当符合《中华人民共和国证券法》等法律、行政法规的规定。

第二百零二条　股份有限公司经股东会决议，或者经公司章程、股东会授权由董事会决议，可以发行可转换为股票的公司债券，并规定具体的转换办法。上市公司发行可转换为股票的公司债券，应当经国务院证券监督管理机构注册。

发行可转换为股票的公司债券，应当在债券上标明可转换公司债券字样，并在公司债券持有人名册上载明可转换公司债券的数额。

5.6 公司债券的转让和转让方式

公司债券的转让是资本市场流动性的重要组成部分。投资者在债券到期前买卖债券，可以满足自己的资金需求或对投资进行组合调整。

公司债券转让是指债券持有人将其持有的债券权利通过一定的方式转移给其他人的行为。

1. 公司债券转让的条件

（1）债券上市或交易场所：通常只有上市或在交易场所挂牌的债券才能进行转让。

（2）转让时间：遵守交易场所的交易时间规定。

（3）信息披露：转让前后，相关信息需要按照规定进行披露。

2. 公司债券的转让方式

（1）场内交易：在证券交易所进行的标准化交易，遵循交易所的规则和程序。

（2）场外交易：在交易所之外的市场（如银行间市场、柜台市场等）进行的交易。

（3）大宗交易：达到一定金额或数量的债券交易，通常有特殊的交易规则。

（4）协议转让：两个交易对手通过私下协商确定交易条件的转让方式。

3. 公司债券转让的流程

（1）确定交易意向：买卖双方就债券转让的价格、数量等条件达成初步意向。

（2）签订转让协议：双方签订正式的债券转让协议，明确权利义务。

（3）交易执行：通过交易系统或交易场所完成债券的交割和资金的结算。

（4）登记过户：在中央证券登记结算机构完成债券的登记过户手续。

（5）信息披露：根据相关法律法规，披露债券转让的相关信息。

公司债券的转让为投资者提供了灵活性，增强了资本市场的流动性。投资者了解债券转让的条件和方式，有助于更好地管理自己的投资组合，实现资产的优化配置。

【相关法条】

《中华人民共和国公司法》第二百条　公司债券可以转让，转让价格由转让人与受让人约定。

公司债券的转让应当符合法律、行政法规的规定。

第二百零一条　公司债券由债券持有人以背书方式或者法律、行政法规规定的其他方式转让；转让后由公司将受让人的姓名或者名称及住所记载于公司债券持有人名册。

第 *6* 章

公司生命周期的终结：

解散与清算

6.1 公司的解散原因

公司解散意味着企业作为法人实体的终止，这可能是一个有序的清算过程，也可能是由于不可逆转的问题而被迫结束。

一个公司解散的原因有很多，通常包括以下几个方面。

1. 经营失败

（1）财务亏损：长期亏损导致公司无法维持运营。

（2）市场竞争力下降：无法适应市场变化，失去竞争力。

（3）管理不善：管理层决策失误或管理效率低下。

2. 法律和监管因素

（1）违反法律法规：公司严重违法导致被吊销营业执照。

（2）监管政策变化：行业监管政策变动导致公司无法继续运营。

3. 市场和环境因素

（1）市场需求减少：产品或服务的市场需求消失或大幅减少。

（2）技术革新：技术进步使公司现有产品或服务过时。

（3）自然灾害：不可抗力的自然灾害导致公司无法恢复运营。

4. 内部冲突和治理问题

（1）股东矛盾：股东之间出现严重分歧，无法达成共识。

（2）董事会僵局：董事会决策陷入僵局，影响公司运营。

（3）关键管理人员离职：关键管理人员离职，导致公司运营困难。

5. 并购和重组

（1）被收购：公司被其他公司收购后解散原有法人实体。

（2）重组失败：公司重组过程中出现问题，导致无法继续运营。

公司解散是企业生命周期的终点，了解导致公司解散的原因有助于企业提前预防和规避风险。对于投资者和管理者来说，识别这些信号并采取相应措施至关重要。

【相关法条】

《中华人民共和国公司法》第二百二十九条　公司因下列原因解散：

（一）公司章程规定的营业期限届满或者公司章程规定的其他解散事由出现；

（二）股东会决议解散；

（三）因公司合并或者分立需要解散；

（四）依法被吊销营业执照、责令关闭或者被撤销；

（五）人民法院依照本法第二百三十一条的规定予以解散。

公司出现前款规定的解散事由，应当在十日内将解散事由通过国家企业信用信息公示系统予以公示。

6.2 什么是公司僵局

公司僵局也被称作公司僵持或公司僵化，是指在公司治理过程中，股东之间或董事会成员之间出现严重分歧，导致公司决策机制陷入瘫痪，公司无法正常运行。这种僵局可能因为多种原因产生，包括但不限于股东利益冲突、管理层分歧、外部压力等。

公司僵局通常发生在公司的关键决策点，如重大投资、公司重组、并购或战略方向调整等。当公司内部的关键决策者无法达成共识时，公司的日常运营和长远发展可能受到严重影响。

针对这种情况，许多国家的公司法都设有相应的救济措施，以期打破僵局，保护股东权益。我国的《公司法》中也包含与公司僵局相关的规定，比如当公司陷入无法通过内部协商解决的严重困难时，满足一定条件的股东有权向法院申请解散公司，从而结束僵局状态。

导致公司僵局的原因主要有以下几点。

（1）股东利益冲突：不同股东可能对公司的发展方向、利润分配等问题有不同的看法和利益诉求。

（2）管理层分歧：董事会成员或高级管理人员在战略决策上存在分歧。

（3）外部压力：市场环境变化、政策调整或行业竞争加剧等外部因素导致公司内部决策困难。

（4）法律和规章限制：公司章程或相关法律法规可能限制了决策的灵活性。

公司僵局的一个经典例子是苹果公司在 20 世纪 80 年代的一段历史。当时，苹果公司的创始人史蒂夫·乔布斯与当时的 CEO 约翰·斯卡利之间产生了严重的分歧，导致公司内部出现僵局。

1983 年，苹果公司聘请了百事可乐公司的前高管约翰·斯卡利担任 CEO。而史蒂夫·乔布斯当时是公司的董事长，也是公司的灵魂人物。两人最初合作愉快，共同推动了苹果公司的发展。

随着时间的推移，乔布斯和斯卡利在公司战略、产品发展方向上出现了分歧。乔布斯坚持创新和前瞻性的产品设计理念，而斯卡利则更注重市场和利润。双方的分歧在 1985 年的一次董事会上达到了顶点。

在这次董事会上，乔布斯提出了一个大胆的计划，即开发一款名为"Macintosh"的新产品，这是集成了计算机、打印机和电话的办公系统。然而，斯卡利和其他一些董事会成员认为这个计划风险太大，不符合公司的当前战略。双方在董事会上展开了激烈的争论，最终未能达成共识。

这场僵局导致了苹果公司内部的分裂和混乱。最终，这场僵局以乔布斯离开苹果公司告终。1985 年，乔布斯被迫离开了他一手创立的公司，随后创立了 NeXT 公司和皮克斯动画工作室（Pixar Animation Studio）。而苹果公司在斯卡利的领导下，虽然在短期内取得了一定的市场成功，但从长期来看，缺乏创新和前瞻性的产品战略限制了公司的发展。

公司僵局导致的主要后果如下。

（1）决策效率低下：公司无法迅速作出反应，错失市场机会。

（2）内部矛盾加剧：长期的僵局可能导致公司内部矛盾激化，影响团队合作和公司文化。

（3）财务损失：由于无法作出有效决策，公司可能遭受经济损失。

（4）声誉受损：外界可能对公司的管理能力产生质疑，影响公司形象。

对于公司僵局，需要各方利益相关者共同努力。管理层应展现出领导力，通过开放和透明的沟通确保所有声音都能被听到。股东和员工也应积极参与，通过协商找到平衡点。此外，建立和完善公司治理结构，如明确决策流程和争议解决机制，是预防和解决公司僵局的关键。通过这些措施，公司可以化挑战为机遇，促进长期稳定和健康发展。

【相关法条】

《中华人民共和国公司法》第二百三十一条　公司经营管理发生严重困难，继续存续会使股东利益受到重大损失，通过其他途径不能解决的，持有公司百分之十以上表决权的股东，可以请求人民法院解散公司。

6.3 公司解散需要成立清算组

公司解散是企业生命周期中的一个关键环节，涉及公司的法律地位、财务状况和债权债务关系的终结。当公司因各种原因需要解散时，成立清算组是确保公司合法、有序退出市场的重要步骤。

1. 清算组的法律地位和职责

清算组是公司解散后成立的临时组织，其法律地位和职责至关重要。

（1）法律地位：清算组是公司解散后处理公司事务的法定机构，具有独立的法人资格。

（2）清理财产：清算组负责对公司的资产进行全面的清查和评估，包括固定资产、流动资产、无形资产等。

（3）处理债权债务：清算组需对公司的债权进行追收，对债务进行清偿，确保公司的债权债务得到妥善处理。

（4）分配剩余财产：债务清偿完毕后，清算组需按照法律规定和公司章程，将剩余财产按照股东的出资比例进行分配。

（5）注销手续办理：清算组负责办理公司的注销登记等法律手续，宣告公司正式退出市场。

2. 清算组的成立流程

清算组成立是公司解散过程中的关键步骤，具体流程包括以下方面。

（1）作出解散决议：公司董事会或股东会通过解散决议，正式启动解散程序。

（2）成立清算组：根据《公司法》的相关规定，选举或指定清算组成员，通常包括公司董事、股东或第三方专业人士。

（3）公告通知：清算组需在指定媒体上公告公司解散事宜，通知债权人申报债权。

（4）债权登记：债权人向清算组申报债权，并由清算组进行登记和审核。

（5）财产清算：清算组对公司财产进行清算，包括变现资产、收取债权等，确保财产价值最大化。

（6）债务清偿：清算组按照法定顺序对债权人进行债务清偿，优先偿还税款、员工工资等。

（7）财产分配：清偿债务后，清算组将剩余财产按照出资比例分配给股东。

（8）办理注销：向市场监督管理部门申请公司注销登记，完成公司解散的法律程序。

3. 清算组的注意事项

在清算过程中，清算组需要注意以下几点。

（1）合法性：清算组的成立和运作必须符合相关法律法规，确保清算过程合法。

（2）公正性：清算组在处理债权债务时，应公平对待所有债权人和股东，避免利益冲突。

（3）透明度：清算过程应公开透明，接受社会和相关部门的监督，确保清算工作的透明度。

（4）效率性：清算工作应高效进行，合理安排时间，避免不必要的延误，减少公司解散过程中的成本。

公司解散是一个复杂的过程，涉及多个法律和财务问题。成立清算组是确保公司解散过程合法、有序进行的关键。清算组的有效运作可以保护债权人和股东的合法权益，维护市场经济秩序，促进资源的合理配置。清算组的成立和运作，不仅是公司解散的必经程序，也是企业社会责任的体现。

【相关法条】

《中华人民共和国公司法》第二百三十二条　公司因本法第二百二十九条第一款第一项、第二项、第四项、第五项规定而解散的，应当清算。董事为公司清算义务人，应当在解散事由出现之日起十五日内组成清算组进行清算。

清算组由董事组成，但是公司章程另有规定或者股东会决议另选他人的除外。

清算义务人未及时履行清算义务，给公司或者债权人造成损失的，应当承担赔偿责任。

第二百三十三条　公司依照前条第一款的规定应当清算，逾期不成立清算组进行清算或者成立清算组后不清算的，利害关系人可以申请人民法院指定有关人员组成清算组进行清算。人民法院应当受理该申请，并及时组织清算组进行清算。

公司因本法第二百二十九条第一款第四项的规定而解散的，作出吊销营业执照、责令关闭或者撤销决定的部门或者公司登记机关，可以申请人民法院指定有关人员组成清算组进行清算。

第二百三十四条　　清算组在清算期间行使下列职权：

（一）清理公司财产，分别编制资产负债表和财产清单；

（二）通知、公告债权人；

（三）处理与清算有关的公司未了结的业务；

（四）清缴所欠税款以及清算过程中产生的税款；

（五）清理债权、债务；

（六）分配公司清偿债务后的剩余财产；

（七）代表公司参与民事诉讼活动。

6.4 清算组成员的权利和义务

当公司面临解散或破产时，清算组成立是确保公司财产合理分配和债务有效清偿的关键。清算组成员的权利和义务是清算工作顺利进行的法律保障。

那么，清算组成员的权利和义务有哪些呢？

1. 清算组成员的权利

（1）财产管理权：清算组成员有权对公司的资产进行全面的管理和控制。

（2）债权债务处理权：清算组成员有权对公司的债权进行追收，对债务进行清偿。

（3）信息查询权：清算组成员有权查询公司的财务、业务和其他相关信息。

（4）参与决策权：清算组成员有权参与清算过程中的重大决策，如财产分配方案等。

（5）报酬请求权：清算组成员有权根据法律规定和公司章程，请求合理的报酬。

2. 清算组成员的义务

（1）忠实义务：清算组成员应忠实履行职责，维护公司和所有利益相关者的合法权益。

（2）勤勉义务：清算组成员应勤勉尽责，确保清算工作的效率和效果。

（3）保密义务：清算组成员应对清算过程中知悉的公司商业秘密和个人隐私予以保密。

（4）报告义务：清算组成员应定期向法院、债权人和其他利益相关者报告清算进展。

（5）遵守法律义务：清算组成员应严格遵守《中华人民共和国破产法》（以下简称《破产法》）和其他相关法律法规，确保清算过程的合法性。

3. 清算组成员的法律责任

清算组成员在执行清算职责的过程中，如果其行为给公司或债权人造成损失，根据《公司法》及相关司法解释，将承担相应的法律责任。具体来说，清算组成员的责任包括以下几个方面。

（1）赔偿责任：清算组成员从事清算事务时，违反法律、行政法规或者公司章程，给公司或债权人造成损失的，公司或债权人有权要求其承担赔偿责任；清算组成员因故意或因重大过失给公司或债权人造成损失的，应当承担赔偿责任。

（2）连带责任：如果清算组成员的过错行为违反的是法律赋予清算组整体的义务（比如适当公告的义务），则所有的清算组成员应当承担连带责任，无论其是否具有过错，因为清算组整体的义务和责任由所有清算组成员承担。

（3）内部追偿：无过错的清算组成员在承担赔偿责任后，可以向有过错的清算组成员进行追偿，这意味着清算组成员之间的责任并不免除，内部成员可以就各自的过失程度进行责任划分。

清算组成员的权利和义务是公司清算过程中的重要法律保障。明确清算组成员的权利边界和义务要求，可以确保公司的清算工作顺利进行，保护公司、债权人和其他利益相关者的合法权益。同时，清算组成员的规范行为也有助于提升市场对公司清算过程的信任度，维护市场经济的稳定和健康发展。

【相关法条】

《中华人民共和国公司法》第二百三十八条　清算组成员履行清算职责，负有忠实义务和勤勉义务。

清算组成员怠于履行清算职责，给公司造成损失的，应当承担赔偿责任；因故意或者重大过失给债权人造成损失的，应当承担赔偿责任。

6.5 公司的破产申请

公司破产申请是一个复杂的法律过程，涉及财务、法律和商业运营的多个方面。当公司面临无法偿还债务的困境时，破产申请可以为公司提供合法的债务重组或清算途径。

1.破产申请的触发条件

破产申请通常在以下情况下触发。

（1）资不抵债：公司负债总额超过其资产总额，无法维持正常运营。

（2）丧失支付能力：公司无法支付到期债务，现金流断裂。

（3）债权人申请：债权人对债务人提起破产申请，特别是当债务人明显无力偿还债务时。

2.破产申请的法律程序

破产申请的法律程序是严格规范的，具体步骤如下。

（1）准备破产申请材料：包括但不限于财务报表、债务清单、资产评估报告等。

（2）提交破产申请：向有管辖权的法院提交破产申请，并提供相关证据。

（3）法院审查与受理：法院对申请材料进行审查，决定是否受理破产申请。

（4）破产宣告：法院宣告公司破产，并指定破产管理人负责破产财产的管理和清算。

（5）债权人会议：破产管理人召集债权人会议，讨论破产财产的评估、债务清偿计划等。

（6）财产评估与处置：破产管理人对公司资产进行详细评估，制订处置方案。

（7）债权审查与确认：破产管理人审查债权人申报的债权，确认债权的合法性和金额。

（8）债务清偿：根据法定清偿顺序，对债权人进行债务清偿。

（9）破产清算报告：破产管理人向法院提交破产清算报告，详细说明财产处置和债务清偿情况。

（10）公司注销：在债务清偿完毕后，法院宣告破产程序结束，公司进行注销登记。

3. 破产申请的关键操作细节

（1）财务透明性：确保财务报表的准确性和透明度，为破产申请提供坚实的基础。

（2）法律合规性：严格遵守《破产法》的相关规定，避免因程序不当导致的法律风险。

（3）债权人沟通：与债权人保持沟通，确保其了解破产进程和可能造成的影响。

（4）破产管理人的选聘：选择经验丰富、信誉良好的破产管理人，以确保破产财产被合理管理和分配。

（5）债务重组可能性：在申请破产前，考虑是否有债务重组的可能性，以避免破产造成负面影响。

公司破产是一个涉及多方利益、法律要求严格的程序。深入了解破产申请的条件、程序和破产操作细节，公司可以在面临财务困境时依法寻求债务重组或清算，保护自身和债权人的利益。同时，破产程序也为市场提供了一种自我调节机制，有助于优化资源配置，促进经济健康发展。

【相关法条】

《中华人民共和国公司法》第二百三十七条　清算组在清理公司财产、编制资产负债表和财产清单后，发现公司财产不足清偿债务的，应当依法向人民法院申请破产清算。

人民法院受理破产申请后，清算组应当将清算事务移交给人民法院指定的破产管理人。

《中华人民共和国企业破产法》第二条　企业法人不能清偿到期债务，并且资产不足以清偿全部债务或者明显缺乏清偿能力的，依照本法规定清理债务。

企业法人有前款规定情形，或者有明显丧失清偿能力可能的，可以依照本法规定进行重整。

第七条　债务人有本法第二条规定的情形，可以向人民法院提出重整、和解或者破产清算申请。

债务人不能清偿到期债务，债权人可以向人民法院提出对债务人进行重整或者破产清算的申请。

企业法人已解散但未清算或者未清算完毕，资产不足以清偿债务的，依法负有清算责任的人应当向人民法院申请破产清算。

第八条　向人民法院提出破产申请，应当提交破产申请书和有关证据。

　破产申请书应当载明下列事项：

（一）申请人、被申请人的基本情况；

（二）申请目的；

（三）申请的事实和理由；

（四）人民法院认为应当载明的其他事项。

　债务人提出申请的，还应当向人民法院提交财产状况说明、债务清册、债权清册、有关财务会计报告、职工安置预案以及职工工资的支付和社会保险费用的缴纳情况。

6.6 公司破产后如何进行债务清偿

一家公司进入破产程序后，清偿债务成为核心环节之一。债务清偿不仅关系到债权人的权益保护，也体现了法律对市场秩序的维护。本节将详细介绍公司破产后的债务清偿流程。

破产后，债务清偿遵循严格的法律规定，通常按照以下优先顺序进行。

（1）破产费用：包括破产程序中的管理费用、诉讼费用等。

（2）职工债权：包括员工的工资、社会保险费、经济补偿金等。

（3）税收债权：包括公司所欠的税款及滞纳金。

（4）有担保债权：债权人对特定资产拥有担保权的债权。

（5）普通债权：没有担保或优先权的债权。

假设Y公司因经营不善宣布破产，其资产总额为500万元，负债总额为800万元。Y公司的债权人包括员工、供应商、银行和其他普通债权人。

1.破产债务清偿顺序

（1）破产费用：首先，支付破产程序中发生的相关费用，比如破产管理人的报酬、法院费用、公告费用等，假设总计为10万元。

（2）员工债权：其次，支付员工的工资、社会保险费和经济补偿金等，假设员工债权总额为 50 万元。

（3）税收债权：然后是政府的税收债权，包括应缴税款和滞纳金，假设总额为 30 万元。

（4）有担保债权：银行作为有担保债权人，对公司的某项资产拥有抵押权，假设这部分债权为 200 万元。

（5）普通债权：最后是普通债权人，包括供应商和其他无担保债权人。在支付上述费用和债权后，剩余的资产为 210（500-10-50-30-200）万元。

2. 清偿过程

（1）支付破产费用 10 万元。

（2）全额支付职工债权 50 万元。

（3）全额支付税收债权 30 万元。

（4）有担保债权 200 万元。所以，剩余可支付给普通债权人的财产为：500-10-50-30-200＝210 万元。

（5）普通债权人则需要从这 210 万元中获得清偿。因为初始负债为 800 万元，普通债权的金额为：800-10-50-30-200＝510 万元，所以普通债权人应该按比例清偿，能得到清偿的比例为：210/510×100%＝41.2%

在这个例子中，破产财产不足以支付所有债务。破产管理人将按照上述顺序清偿债务，直到资产耗尽。未能得到清偿的部分，债权人通常无法从破产公司那里获得进一步的补偿。

公司破产后的债务清偿是一个严格、有序的法律过程。遵循法律规定的清偿顺序和程序，可以确保债权人的合法权益得到保护，同时也维护了市场经济的公平和稳定。成功实施债务清偿工作，不仅有助于降低公司破产所造成的不良社会影响，也为其他市场主体提供了重要的风险警示和教育。

【相关法条】

《中华人民共和国企业破产法》第一百一十三条　破产财产在优先清偿破产费用和共益债务后，依照下列顺序清偿：

（一）破产人所欠职工的工资和医疗、伤残补助、抚恤费用，所欠的应当划入职工个人账户的基本养老保险、基本医疗保险费用，以及法律、行政法规规定应当支付给职工的补偿金；

（二）破产人欠缴的除前项规定以外的社会保险费用和破产人所欠税款；

（三）普通破产债权。

破产财产不足以清偿同一顺序的清偿要求的，按照比例分配。

破产企业的董事、监事和高级管理人员的工资按照该企业职工的平均工资计算。

第 7 章

公司法法律责任
体系与责任承担

7.1 虚报注册资本怎么办

在市场经济的大潮中，企业的注册资本不仅是其经营实力的象征，也是社会信任度的重要指标。然而，部分企业在设立或增资过程中，出于种种目的，可能会出现虚报注册资本的行为。这种行为不仅违反相关法律法规，还严重破坏市场公平竞争环境，损害投资者和债权人的合法权益。面对这一问题，企业和相关监管机构应当如何应对？本节将探讨虚报注册资本的后果及应对策略。

张先生想要成立一家餐饮公司，他计划注册资本为人民币 100 万元，以显示公司的实力，吸引更多业务合作和投资。但是，张先生目前只能拿出 50 万元的现金作为初始投资。

为了达到期望的注册资本金额，张先生决定虚报注册资本。他联系了一家财务咨询公司。该公司提供了一项服务，即暂时借给他 50 万元用于注册公司，条件是在公司注册成功后立即归还这笔款项。

张先生利用借来的 50 万元加上自己现有的 50 万元，向市场监督管理部门提交了 100 万元注册资本的公司注册申请，并提供了相应的银行存款证明和其他财务文件。由于这些文件在提交时都是真实的，公司顺利地完成了注册，获得了 100 万元注册资本记录。

在公司注册完成后的第二天，张先生按照事先的协议，将 50 万元归还给了财务咨询公司。这样一来，虽然公司的账面上显示注册资本是 100 万元，但实际上公司只持有 50 万元的资本。这种行为就是虚报注册资本。

根据《公司法》及相关司法解释，虚报注册资本属于违法行为，一旦查实，企业将面临以下法律后果。

（1）行政处罚：由市场监督管理部门责令改正，并处以罚款。情节严重的，可以吊销营业执照。

（2）刑事责任：如果虚报注册资本数额巨大或者有其他严重情节，构成犯罪的，依法追究刑事责任。

（3）民事责任：对于因虚报注册资本而给债权人造成损失的，企业及其股东应当承担赔偿责任。

很多人可能有些疑惑，说："前文提到过，现在《公司法》对于注册资本的规定已经从实缴制变成了认缴制，公司注册时并不需要一次性缴足全部注册资本，而是可以在公司章程规定的期限内分期缴纳，在这样的制度下，还有可能虚报注册资本吗？"

答案是有的，只不过表现形式和认定标准有所不同。在认缴制下，虚报注册资本主要体现在以下几个方面。

（1）过度承诺：公司股东在设立公司时，承诺的认缴出资额远远超出其实际支付能力，这种过度承诺在未来可能导致其无法履行出资义务，影响公司的偿债能力和股东的权益。

（2）虚假承诺：股东在没有真实履行意图的情况下作出认缴出资的承诺，这种行为本质上也是一种虚假承诺，可能误导债权人和其他利益相关者，损害他们的权益。

（3）未按期实缴：即使在认缴制下，股东也需要按照公司章程规定的时间表缴付出资。如果股东未能按时履行认缴义务，也属于违规行为。

（4）滥用认缴制：一些不法分子可能利用认缴制的灵活性，通过设立高注册资本但无实际资产支持的"空壳公司"从事欺诈活动，如合同诈骗、非法集资等。

因此，即便在认缴制下，虚报注册资本的行为仍然会承担相应的法律责任。《公司法》及相关法律法规明确规定了股东的出资义务以及违反出资义务的法律责任。此外，随着大数据技术的不断发展和信用体系建设的推进，公司及股东的信用状况将直接影响其在市场上的信誉和机会，从而对虚报注册资本等不诚信行为形成有效的制约。

综上所述，即使在认缴制下，企业仍需谨慎对待注册资本的认缴承诺，确保其真实和可实现，避免因虚报注册资本引发法律风险、影响商业信誉。

【相关法条】

《中华人民共和国公司法》第二百五十条 违反本法规定，虚报注册资本、提交虚假材料或者采取其他欺诈手段隐瞒重要事实取得公司登记的，由公司登记机关责令改正，对虚报注册资本的公司，处以虚报注册资本金额百分之五以上百分之十五以下的罚款；对提交虚假材料或者采取其他欺诈手段隐瞒重要事实的公司，处以五万元以上二百万元以下的罚款；情节严重的，吊销营业执照；对直接负责的主管人员和其他直接责任人员处以三万元以上三十万元以下的罚款。

《中华人民共和国刑法》第一百五十八条 申请公司登记使用虚假证

明文件或者采取其他欺诈手段虚报注册资本，欺骗公司登记主管部门，取得公司登记，虚报注册资本数额巨大、后果严重或者有其他严重情节的，处三年以下有期徒刑或者拘役，并处或者单处虚报注册资本金额百分之一以上百分之五以下罚金。

…………

7.2 抽逃出资的法律责任

在公司运营过程中，股东的出资是企业生存和发展的重要基石。然而，实践中偶尔会出现股东在公司成立后，未经法定程序擅自将其已经投入公司的资金或资产撤回的行为，即所谓的"抽逃出资"。这种行为不仅违背了股东对公司所承担的基本义务，也严重损害了公司及其他股东、债权人的合法权益。

抽逃出资是指公司股东在公司成立后，通过各种方式将已经认缴并实缴的出资从公司抽走的行为。这包括但不限于直接从公司账户提取资金、虚构交易转移资产、利用关联交易转移利润等手段。这种行为严重违反了股东对公司的义务，损害了公司及其他股东、债权人的利益。常见的抽逃出资方式有以下几种。

1. 虚构交易抽逃出资

指股东通过虚构与公司的交易，如虚构销售合同、服务协议等，将公司的资金转移到个人或关联方账户。

A公司的一位大股东B控制着另一家公司C，C公司与A公司签订了一份虚假的设备采购合同。A公司按照合同条款，将"采购费用""支付"给C公司，而A公司实际并未收到任何设备，"采购费用"这部分资金最终流入大股东B的私人账户，B实现了抽逃出资的目的。

2. 利用关联交易抽逃出资

指通过与关联公司进行不公平交易，如高价买入低价卖出、提供无息贷款等，间接将公司的资金转移出去。

D 公司与 E 公司（E 公司由 D 公司大股东 F 控制）进行了一系列关联交易，D 公司以远低于市场价的价格向 E 公司出售原材料，导致 D 公司的资产无形中流失，而 E 公司通过差价获利这种行为实质上是 F 通过 E 公司抽逃了对 D 公司的出资。

3. 直接挪用公司资金

直接挪用公司资金指的是股东直接将公司账户内的资金转至个人账户或转至与该股东相关的第三方账户，这种行为常见于公司治理结构不健全、内部控制薄弱的企业。

G 公司的某股东 H，利用其在公司财务管理上的便利，直接从公司账户中提取大笔现金，声称用于公司业务支出，但实际用于个人消费，这种行为的实质也是直接抽逃出资。

4. 隐匿资产抽逃出资

隐匿资产抽逃出资指的是通过隐匿、转移公司资产，使公司资产表面减少，而实际资产被股东个人占有或控制。

I 公司的一位股东 J，通过秘密协议将公司名下的一处房产转至其亲属名下，表面上是公司的资产减少了，实质上是这部分资产被 J 抽逃。

5. 虚假债务抽逃出资

虚假债务抽逃出资指的是制造虚假债务，使公司不得不向股东或其他关联方支付所谓的"债务"，从而实现资金转移。

> K 公司的股东 L 伪造了一份与 K 公司的借款协议，声称 K 公司欠 L 一笔巨额债务，随后 K 公司被迫"偿还"这笔不存在的债务，实际上 L 通过这种方式抽逃了其对 K 公司的出资。

抽逃出资是违法行为，相关人员需承担一定的法律责任。

1. 民事责任

（1）返还出资：股东抽逃出资的，应当向公司返还所抽逃的出资。

（2）赔偿责任：抽逃出资给公司或其他股东、债权人造成损失的，行为人应当承担赔偿责任。

（3）连带责任：参与抽逃出资的股东与其他股东或董事、高级管理人员可能承担连带赔偿责任。

2. 行政责任

由公司登记机关责令改正，处以罚款。

3. 刑事责任

抽逃出资构成犯罪的，需要承担刑事责任。

抽逃出资行为不仅违反了股东对公司的基本义务，也破坏了市场经济的公平竞争环境。企业及股东应充分认识到抽逃出资的严重后果，建立健全公司治理机制，加强内部管控，同时注重法律风险防范，确保企业健康、可持续发展。在面对抽逃出资问题时，应积极采取有效措施，及时纠正错误，避免不必要的法律风险和经济损失。

【相关法条】

《中华人民共和国公司法》第五十三条　公司成立后，股东不得抽逃出资。

违反前款规定的，股东应当返还抽逃的出资；给公司造成损失的，负有责任的董事、监事、高级管理人员应当与该股东承担连带赔偿责任。

《中华人民共和国刑法》第一百五十九条　公司发起人、股东违反公司法的规定未交付货币、实物或者未转移财产权，虚假出资，或者在公司成立后又抽逃其出资，数额巨大、后果严重或者有其他严重情节的，处五年以下有期徒刑或者拘役，并处或者单处虚假出资金额或者抽逃出资金额百分之二以上百分之十以下罚金。

…………

7.3 另立会计账簿的法律责任

在公司的经营管理中，会计账簿是记录和反映企业经济活动的重要工具，对于确保财务信息的真实性和完整性至关重要。然而，一些公司为了逃避税负、隐瞒收入或进行其他不正当行为，可能会选择另立会计账簿，即在正式账簿之外设立一套或多套账簿，以达到隐匿真实财务状况的目的。这种行为严重违反了会计法规和税收法规，公司及相关责任人将面临严厉的法律责任。

1. 行政责任

公司另立会计账簿的行为将受到行政部门的处罚。根据我国相关法律法规，如《中华人民共和国会计法》，一旦发现公司私设会计账簿，相关部门有权责令其改正，并对其处以罚款，罚款金额一般在数千元至数万元不等。此外，直接负责的主管人员和其他直接责任人员也将面临个人罚款，数额通常在数百元至数千元之间。如果是国家公职人员涉及此类行为，还可能受到行政处分，如警告、记过、降级、撤职等。

2. 刑事责任

当另立会计账簿的行为涉及金额巨大、性质恶劣或造成严重后果时，如通过伪造会计凭证、隐匿收入等方式逃避大量税款，就可能触犯《中华人民共和国刑法》（以下简称《刑法》），构成犯罪。此时，责任人将面临更严厉的刑事处罚，包括但不限于罚款、拘役或有期徒刑。

3. 民事责任

在民事领域，另立会计账簿也可能导致公司与股东、债权人的法律纠纷。若因虚假的财务信息导致股东投资决策失误或债权人利益受损，公司及其直接责任人可能面临民事诉讼，被要求赔偿损失。

总之，另立会计账簿不仅违反了国家的法律法规，还可能给公司带来严重的经济损失和法律后果。公司应秉持诚实守信的原则，严格遵守财务纪律，确保会计信息透明和准确，维护良好的公司形象和市场信誉。

【相关法条】

《中华人民共和国公司法》第二百一十七条　公司除法定的会计账簿外，不得另立会计账簿。

对公司资金，不得以任何个人名义开立账户存储。

《中华人民共和国会计法》第四十二条　授意、指使、强令会计机构、会计人员及其他人员伪造、变造会计凭证、会计账簿，编制虚假财务会计报告或者隐匿、故意销毁依法应当保存的会计凭证、会计账簿、财务会计报告的，由县级以上人民政府财政部门给予警告、通报批评，可以并处二十万元以上一百万元以下的罚款；情节严重的，可以并处一百万元以上五百万元以下的罚款；属于公职人员的，还应当依法给予处分；构成犯罪的，依法追究刑事责任。

第四十三条　单位负责人对依法履行职责、抵制违反本法规定行为的会计人员以降级、撤职、调离工作岗位、解聘或者开除等方式实行打击报复的，依法给予处分；构成犯罪的，依法追究刑事责任。对受打击报复的会计人员，应当恢复其名誉和原有职务、级别。

《中华人民共和国刑法》第二百零一条　纳税人采取欺骗、隐瞒手段进行虚假纳税申报或者不申报，逃避缴纳税款数额较大并且占应纳税额百分之十以上的，处三年以下有期徒刑或者拘役，并处罚金；数额巨大并且占应纳税额百分之三十以上的，处三年以上七年以下有期徒刑，并处罚金。

  …………

7.4 妨害清算的刑事责任

在公司清算过程中，确保清算合法、公正和透明至关重要。妨害清算的行为不仅损害债权人和其他利益相关者的权益，也破坏市场经济的正常秩序。因此，法律对此类行为规定了严格的刑事责任。

妨害清算是指在公司清算过程中，有关人员故意采取行为妨碍清算的正常进行，或者作出欺诈、隐匿、转移财产等损害债权人利益的行为。

1. 妨害清算的常见行为

（1）隐匿财产：故意隐藏公司资产，使其不在清算财产之列。

（2）转移资产：非法转移公司资产，逃避债务清偿。

（3）销毁账簿：故意销毁或篡改公司财务记录，妨碍财产评估。

（4）虚假陈述：向清算组或法院提供虚假信息，误导清算决策。

（5）拒不配合：拒绝向清算组提供必要的文件或信息，妨碍清算工作。

2. 妨害清算的刑事责任

（1）罚款：根据相关法律规定，妨害清算的行为人可能面临罚款。

（2）刑事处罚：严重的妨害清算行为可能构成犯罪，行为人将面临刑事处罚，包括监禁。

（3）赔偿责任：除了刑事责任外，行为人还可能需要对因其行为造成的损失进行赔偿。

3. 妨害清算的法律后果

（1）清算延误：妨害清算行为可能导致清算工作延误，延长破产程序。

（2）债权人损失：由于资产被隐匿或转移，债权人可能无法获得应有的清偿。

（3）市场信誉受损：妨害清算行为损害了市场主体的信誉，影响市场秩序。

4. 预防和打击妨害清算的措施

（1）加强法律宣传：提高公众对妨害清算罪的认识，明确认识到妨害清算的法律后果。

（2）完善监督机制：建立有效的监督机制，确保清算过程的透明度和公正性。

（3）严格法律责任：对妨害清算行为严格追究法律责任，形成足够的威慑力。

（4）提高清算效率：通过提高清算效率，减少妨害清算行为发生的时间和空间。

相关责任人因妨害清算行为承担刑事责任是维护《破产法》的重要手段。明确刑事责任可以有效预防和打击妨害清算行为，保护债权人和其他利益相关者的合法权益。同时，这也是维护市场经济健康发展的必要措施。保证清算过程公正和透明对于建立市场信任、促进经济稳定具有重要意义。

【相关法条】

《中华人民共和国公司法》第二百五十六条　公司在进行清算时，隐匿财产，对资产负债表或者财产清单作虚假记载，或者在未清偿债务前分配公司财产的，由公司登记机关责令改正，对公司处以隐匿财产或者未清偿债务前分配公司财产金额百分之五以上百分之十以下的罚款；对直接负责的主管人员和其他直接责任人员处以一万元以上十万元以下的罚款。

《中华人民共和国刑法》第一百六十二条　公司、企业进行清算时，隐匿财产，对资产负债表或者财产清单作虚伪记载或者在未清偿债务前分配公司、企业财产，严重损害债权人或者其他人利益的，对其直接负责的主管人员和其他直接负责人员，处五年以下有期徒刑或者拘役，并处或者单处二万元以上二十万元以下罚金。

7.5 资产评估、验资或者验证机构违法的法律责任

在市场经济体系下，资产评估、验资以及验证服务对于维护交易的公平性和透明度非常重要。这些专业的服务有助于投资者、债权人及其他利益相关方全面了解公司、企业的财务状况和资产价值。然而，一旦此类机构偏离合法运营路径，其产生的后果不仅限于破坏市场诚信环境，还会严重干扰经济秩序。本节将系统分析资产评估、验资或验证机构违法时所面临的法律责任。

1. 资产评估、验资、验证机构的功能定位

（1）资产评估机构：主要任务是对企业资产进行准确的评估，为并购、投资等商业决策提供数据支持。

（2）验资机构：确保企业注册资本的真实与合法，防范资本虚增风险。

（3）验证机构：负责审计与验证企业的财务报告及业务活动，确保相关信息准确无误。

2. 主要违法行为概述

（1）出具虚假报告：故意提交失实的资产评估或财务审计报告。

（2）违反保密规定：泄露客户的商业机密或个人隐私。

（3）滥用职权：利用职务便利为自己或他人谋取非法利益。

（4）忽视专业标准：在评估或审计过程中未遵守行业规范和职业准则。

3. 违法行为所承担的法律责任

（1）民事责任：因违法行为对客户或其他利益相关方造成损失的，须承担相应的赔偿责任。

（2）行政责任：行业监管机构可对其施以警告、罚款甚至吊销执业资格等处罚。

（3）刑事责任：若违法行为触犯《刑法》，相关责任人将面临刑事诉讼和可能的监禁。

4. 违法的后果

（1）声誉损害：违法机构及其从业者的信誉将遭受重大打击，影响其市场地位。

（2）业务受阻：可能导致客户流失和市场份额缩水，业务量显著下降。

（3）受到法律制裁：除了经济惩罚，违法者还可能面临财产罚没及人身自由限制。

5. 防范与监管措施

（1）法律教育：增强从业人员的法律意识和职业道德。

（2）监管体系建设：建立健全行业监管机制，加大违规成本。

（3）内部控制：机构应建立完善的内部监控和审计流程，预防违法行为。

（4）透明度提升：通过定期公开报告和信息公示，增加服务透明度。

综上所述，资产评估、验资及验证机构的违法行为对市场诚信体系构成威胁，破坏法律秩序。对相关机构明确相关法律责任，强化行业监管，提高相关工作的透明度和职业道德教育，能够有效遏制此类行为，保障市场健康稳定运行，对促进经济持续健康发展和保护投资者权益具有不可替代的作用。

【相关法条】

《中华人民共和国公司法》第二百五十七条　承担资产评估、验资或者验证的机构提供虚假材料或者提供有重大遗漏的报告的，由有关部门依照《中华人民共和国资产评估法》、《中华人民共和国注册会计师法》等法律、行政法规的规定处罚。

承担资产评估、验资或者验证的机构因其出具的评估结果、验资或者验证证明不实，给公司债权人造成损失的，除能够证明自己没有过错的外，在其评估或者证明不实的金额范围内承担赔偿责任。

7.6 假冒公司名义的法律责任

在现代商业环境中，假冒公司名义进行非法活动的现象时有发生。这类行为不仅严重损害了被冒用公司的商誉和经济利益，还扰乱了市场秩序，破坏了公平竞争的商业环境。因此，各国法律均对此类行为予以严厉打击，制定了详尽的法律责任体系。本节重点探讨假冒公司名义开展未实施业务活动等所承担的法律责任，包括民事责任、行政责任及刑事责任，以期为企业提供防范与应对策略。

一、法律责任

1. 民事责任：赔偿与恢复名誉

（1）赔偿损失：被冒用的公司有权要求侵权人赔偿因假冒行为造成的直接经济损失，包括但不限于利润损失、合同损失以及因恢复商誉而产生的合理费用。

（2）恢复名誉：侵权行为往往对被冒用公司的商誉造成损害，因此，受害公司有权要求侵权人在相同范围和渠道内发布道歉声明，消除不良影响，恢复其社会评价。

2. 行政责任：罚款与处罚

假冒公司名义的行为将受到市场监管部门的严厉处罚，包括但不限于高额罚款、没收违法所得、责令停止违法行为、吊销营业执照等。

3.刑事责任：重罚与刑责

在假冒公司名义情节严重并构成犯罪的情况下，相关责任人将面临刑事追责。根据我国《刑法》，可能涉及的罪名包括但不限于伪造公司印章罪、诈骗罪、假冒注册商标罪等。这些罪名一旦成立，责任人将面临有期徒刑、拘役甚至无期徒刑的严厉刑罚，并处或单处罚金。

二、法律救济和防范措施

（1）法律救济：受害公司应及时收集证据，包括但不限于假冒行为的记录、造成的经济损失证明等，通过法律途径维护自身权益，包括向法院提起民事诉讼、向市场监管部门举报、协助公安机关调查等。

（2）防范措施：加强内部管理，建立健全企业印章管理制度，严格控制印章使用，防止被盗用；增强法律意识，定期组织员工进行法律培训，提高识别和防范假冒公司名义行为的能力；建立监测机制，运用技术手段，如网络监控、市场调研等，及时发现并制止假冒公司名义的行为；加强合作与联动，与其他企业、行业协会及政府监管部门建立合作关系，形成联合防控机制。

综上所述，假冒公司名义的法律责任涵盖民事、行政及刑事层面，公司应高度重视，采取有效措施加以防范，一旦遭遇此类侵权行为，须迅速采取法律行动，以维护自身的合法权益，维护公平、健康的市场竞争环境。

【相关法条】

《中华人民共和国公司法》第二百五十九条　未依法登记为有限责任

公司或者股份有限公司，而冒用有限责任公司或者股份有限公司名义的，或者未依法登记为有限责任公司或者股份有限公司的分公司，而冒用有限责任公司或者股份有限公司的分公司名义的，由公司登记机关责令改正或者予以取缔，可以并处十万元以下的罚款。

《中华人民共和国刑法》第二百八十条第二款　伪造公司、企业、事业单位、人民团体的印章的，处三年以下有期徒刑、拘役、管制或者剥夺政治权利，并处罚金。

7.7 逾期开业、停业的法律责任

公司必须严格遵循法律法规设定的开业与停业流程，以维护市场秩序稳定和保护消费者权益不受侵害。逾期开业或未经合法程序擅自停业，不仅违反相关法律法规，还可能触发一系列法律责任，对企业的运营产生深远影响。本节旨在解析公司逾期开业与擅自停业的法律责任及其对公司运营的具体影响。

一、逾期开业

1. 定义

逾期开业特指公司取得营业执照后，未能在法定期限或核准期限内启动经营活动的行为。

2. 法律后果

（1）市场监管处罚：面临由市场监管部门实施的罚款或其他行政处罚措施。

（2）信誉受损：公司的信誉遭受质疑，市场竞争力减弱，影响品牌价值。

（3）经济损失：错失市场先机，导致潜在收益流失，增加公司的财务负担。

二、合法停业程序

公司在遭遇经营困境或基于战略调整需暂停或终止营业时，须严格遵循以下程序。

（1）通知利益相关者：提前通告员工、供应商及客户，确保各方知情权。

（2）清算债务：妥善处理企业债务，保障债权人权益不受损害。

（3）办理官方手续：依循法律法规，完成税务结算、工商注销等必要的停业手续。

三、逾期开业与擅自停业的法律责任

1. 逾期开业

（1）行政处罚：市场监管部门可处以罚款等。

（2）信誉损失：公司形象受损，影响公司的市场地位。

（3）经济赔偿：对第三方因逾期开业遭受的损失负有赔偿责任。

2. 擅自停业

（1）违约责任：承担未履行合同义务的法律责任。

（2）损害赔偿：对消费者、供应商等利益相关方造成的损失进行补偿。

（3）刑事责任：在涉及欺诈或恶意逃避债务等严重情形下，可能面临刑事追责。

四、防范措施与合规建议

（1）严格守法：确保开业与停业全程遵守相关法律法规。

（2）透明沟通：与所有利益相关者保持开放沟通，增强信息透明度。

（3）债务管理：停业前妥善处理债务问题，预防法律纠纷。

（4）咨询专业人士：面临开业延迟或停业决策时，征询专业的法律顾问的意见，确保相关行为合法合规。

综上所述，公司必须深刻理解并严格遵守开业与停业的法律程序，以避免承担相关法律责任，维护企业信誉与市场竞争力，为构建健康、有序的市场经济环境贡献力量。

【相关法条】

《中华人民共和国公司法》第二百六十条　公司成立后无正当理由超过六个月未开业的，或者开业后自行停业连续六个月以上的，公司登记机关可以吊销营业执照，但公司依法办理歇业的除外。

公司登记事项发生变更时，未依照本法规定办理有关变更登记的，由公司登记机关责令限期登记；逾期不登记的，处以一万元以上十万元以下的罚款。